50대, 멈추는 법을 배우다

50대, 멈추는 법을 배우다
달리기가 알려준 나다운 삶의 속도

초 판 1쇄 2025년 06월 23일

지은이 박정미
펴낸이 류종렬

펴낸곳 미다스북스
본부장 임종익
편집장 이다경, 김가영
디자인 임인영, 윤가희
책임진행 안채원, 이예나, 김요섭, 김은진, 이예준

등록 2001년 3월 21일 제2001-000040호
주소 서울시 마포구 양화로 133 서교타워 711호
전화 02) 322-7802~3
팩스 02) 6007-1845
블로그 http://blog.naver.com/midasbooks
전자주소 midasbooks@hanmail.net
페이스북 https://www.facebook.com/midasbooks425
인스타그램 https://www.instagram.com/midasbooks

ⓒ 박정미, 미다스북스 2025, *Printed in Korea*.

ISBN 979-11-7355-296-0 03810

값 18,000원

※ 파본은 구입하신 서점에서 교환해드립니다.
※ 이 책에 실린 모든 콘텐츠는 미다스북스가 저작권자와의 계약에 따라 발행한 것이므로 인용하시거나 참고하실 경우 반드시 본사의 허락을 받으셔야 합니다.

미다스북스는 다음세대에게 필요한 지혜와 교양을 생각합니다.

< 들어가는 글 >
내가 다시 달리기로 결심한 이유   7

< 제1장 >
시작은 가벼웠고, 마음은 오래 남았다

1. 실패했지만, 시작했기에   13
2. 30일, 한 줄씩 쌓은 마음   17
3. 나를 이긴 건 결국 하루하루였다   22
4. 새벽을 먼저 여는 이유   27
5. 그때 우리, 함께 달렸지요   31
6. 간소한 삶을 선택하다   36
7. 한 글자씩 마음을 다듬다   41
8. 다섯 문장이 남긴 것   46

< 제2장 >
멈추는 나, 다시 걸어보는 연습

1. 우습게 보면 안 되는 일   53
2. 집중은 늘 재미와 싸웠다   57
3. 원하는 일만 하며 살고 싶었다   62
4. 해야 할 일에 파묻힌 하루   67
5. 파랑새는 없었다   72
6. 간절하지 않았기에 흔들린 날들   77
7. 한 번 더 쓰는 사람이 되다   82
8. 시작한 일은 끝까지   87

< 제3장 >
나를 믿는 근육을 키우다

1. 하루 10분, 걷거나 달리다　95
2. 움직일수록 마음이 가벼워졌다　99
3. 10km가 건넨 응원　104
4. 한 걸음씩, 나를 넘어서다　109
5. 어느 날 찾아온 행운　114
6. 멈췄지만, 멈추지 않았다　119
7. 빗속에서 용기를 내다　124
8. 나를 밀어준 힘　129

< 제4장 >
달리기로 견디고, 살아낸 날들

1. 10분이 쌓여 두 시간이 되다　137
2. 스트레스 없이 성장하는 법　141
3. 가치 있는 일만 남기기로　146
4. 달리기에서 본 인생　151
5. 노력은 결과로 돌아왔다　156
6. 힘든 건 사실이지만　161
7. 달리기보다 더 깊은 배움　166
8. 포기하지 않으면 도달한다　171

< 제5장 >
빠른 세상 속 나만의 페이스를 찾다

1. 일단 멈추세요 **179**
2. 나에게 시선을 돌리다 **184**
3. 못 해도 괜찮았다 **188**
4. 가지 않아도 마음은 닿는다 **193**
5. 함께여서 완주할 수 있었다 **198**
6. 내 페이스를 찾기까지 **203**
7. 느리지만 멈추지 않았다 **207**
8. 끝까지, 묵묵히 **212**

< 마치는 글 >
나에게 페이스를 맞추는 연습 **216**

< 들어가는 글 >

내가 다시 달리기로
결심한 이유

　5년 전 우연히 달리기를 시작했다. 그 시작은 별것 아니었다. 새벽 공기가 좋아 조금씩 달리게 되었고, 달리는 순간이 점점 많아졌다. 땀을 흘린 뒤 개운함, 새벽의 고요함 속에서 느껴지는 나만의 평화, 그 조용한 순간들이 하루를 시작하는 에너지로 다가왔다.

　하루하루 달리기를 이어가다 보니, 어느 순간 시간도 거리도 조금씩 늘어나 있었다. 어느새 마라톤 대회에 도전하고 싶다는 마음이 들었다. 그 무렵은 코로나 시기였다. 모든 게 멈춰 있던 시절이지만 마라톤은 '버추얼'이라는 방식으로 진행됐다. 실제로 함께 뛰는 사람도, 나를 응원해 주는 사람도 없었지만 10km 마라톤을 완주했을 때의 기분은 지금도 잊을 수 없다. 누가 알아주지 않아도 자신을 위해 도전하고, 끝까지 해냈다는 성취감이 내 안에 깊이 자리 잡았다.

　그 후에도 달리기는 내 삶에 계속 있었다. 다음 해에도 대회에 신청했지만, 첫 대회처럼 설레기보다는 부담이 컸다. 컨디션이 좋지 않아 할까 말까 망설이기도 했다. 하지만 그럴수록 나 자신과의 약속을 지키고 싶었다. 기록은 첫 대회보다 못했지만 완주 후 느낀 감동은 오히려 더 진했다. 몸은 힘들었지만, 마음은 더욱 단단해졌다.

달리기를 시작한 지 3년째 되던 해, 마침내 오프라인 마라톤 대회에 참가했다. 춘천까지 직접 운전해 가서, 대회에 참가하고 다시 집으로 돌아오는 길, 마음이 벅차올랐다. 출발 전, 과연 해낼 수 있을까? 하는 걱정은 기우에 불과했다. 결국 완주하고 무사히 집으로 돌아왔다. 그 경험으로 나는 계획한 일을 해낼 수 있는 사람이라는 확신을 가지게 되었다. 작은 일이라도 자신과 약속하고, 그것을 지키는 경험이 쌓일수록 나를 신뢰하게 됐다.

이후 10km 마라톤 대회에 모두 다섯 번 참가했다. 그쯤에서 문득 이제 멈춰도 되지 않을까? 하는 생각도 들었다. 하지만 어느 날 이런 경험을 기록으로 남기고 싶다는 마음이 들었고, 그 마음이 첫 책 『50대, 달리기를 할 줄이야』로 이어졌다. 책을 쓰는 동안에도 나는 계속 달렸다. 글쓰기가 달리기의 동력이 되었고, 달리기는 다시 글에 힘을 실어주었다. 목표가 조금씩 높아졌고 결국 하프 마라톤을 완주하게 됐다. 하나의 과정이 또 다른 과정을 만들어냈다.

시간이 흐르자 자연스럽게 마라톤 동호회에 가입하게 되었다. 함께 뛰는 사람들이 생기면서 달리기에 더 진심이 되었고 연습과 훈련도 자연스럽게 체계화됐다. 그 과정에서 풀코스 마라톤 완주라는 또 하나의 목표가 생겼다.

풀코스를 준비하는 동안, 운동장과 주로에서 많은 시간을 보냈다. 단조롭고 단순한 날들이 반복되었다. 내 마음속에는 풀코스를 완주하겠다는 뚜렷한 목표가 있었다. 그동안 나는 충동적으로 시작한 일들을 쉽게 포기하는 사람이었다. 모임도, 강의도 그때그때 기분에 따라 참여했고 대부분은 흐지부지 마무리되기 일쑤였다. 성과 없는 시도와 실패만 남았다. 하지만 달리기만큼은 달랐다.

무언가를 제대로 이루기 위해서는 충분한 시간과 노력이 필요하다. 쉽게 시작한 일은 쉽게 사라진다. 그러나 진중하게 시작한 일은 내 안에 오래 남는다. 더는 무조건 시작하기보다, 필요한 것은 시작하고 필요 없는 것은 멈출 줄 아는 사람이 되고 싶었다.

사실 나의 풀코스 완주는 조금 늦은 편이다. 달리기를 시작한 지 4년이 지나서야 가능했으니 말이다. 나는 조급하지 않았다. 오히려 천천히, 나만의 페이스로 달렸기 때문에 포기하지 않고 계속 달렸다. 기록보다 중요한 건 과정이었고 속도보다 중요한 건 방향이었다.

이 책에는 그렇게 달려온 나의 시간이 담겨 있다. 요즘 달리기는 단순한 운동이 아니라 하나의 문화가 되어가고 있다. 대형 마라톤 대회는 접수 시작 몇 분 만에 마감되고 지역 대회 역시 점점 참여자가 느는 추세다. 달리기를 통해 건강을 챙기고 자기 자신과 마주하는 사람들이 늘어가는 흐름이 반갑다. 이 책이 그 흐름에 작은 이정표가 되었으면 한다.

이 책은 달리기를 시작하려는 사람들, 이미 달리고 있는 사람들, 그리고 달리기가 아니더라도 어떤 도전 앞에 선 모든 사람을 위한 이야기다. 도전의 크기보다 중요한 건 포기하지 않는 마음이라는 것을, 그리고 꾸준함이 삶을 어떻게 바꿀 수 있는지를 함께 나누고 싶다.

책은 총 다섯 장으로 구성되어 있다. 1장에는 쉽게 시작하고 쉽게 포기했던 과거의 경험을 풀어냈다. 이 책은 달리기에 관한 이야기지만, 책의 시작은 '실패했지만 시작했기에'라는 전혀 다른 이야기로 시작된다. 2장에는 제대로 마무리 짓지 못했던 내 과거의 반복적인 실패와 그 안에서 얻은 깨달음을 담았다. 3장에서는 달리기를 본격적으로 시작하게 된 계기와 달리기가 내 삶에 가져온 긍정적인 변화를 기록했다. 4장은 달리기를 통해 내가 배운 것들이 내 삶에 어떤 의미였는지를 깊이 들여다보았다. 마지막 5장은 빠르게 흘러가는 세상 속에서 어떻게 나만의 페이스를 지키며 살아갈 수 있었는지를 이야기한다.

마라톤을 통해 나는 완주보다 중요한 것을 배웠다. 처음엔 기록을 좇고 거리를 목표로 삼았다. 하지만 시간이 흐를수록 그건 크게 중요하지 않았다. 더 소중했던 건 왜 달리는가, 그리고 언제 멈춰야 하는가였다. 마라톤을 통해 나는 멈추는 법을 배웠다. 그리고 그 멈춤은 새로운 출발이 되었다.

50대, 멈추는 법을 배우다

< 제1장 >

시작은 가벼웠고,
마음은 오래 남았다

무심코 시작한 일이었다.
멈춰 있었다는 자책보다, 시작했다는 마음이 오래 남았다.

1

실패했지만, 시작했기에

 2020년 3월, 중년을 위한 다양한 주제를 다루는 유튜브 채널을 시청하다가 한 젊은 여성이 게스트로 출연한 방송을 보게 되었다. 말쑥하게 정장을 차려입고 인터뷰에 응하는 모습이 인상적이었다. 그녀는 집에서 아이를 키우다 블로그를 시작했고, 협찬을 받으며 블로그에 포스팅하다가 강의까지 하게 되었다고 했다.

 방송이 끝난 후 호기심에 그녀의 블로그를 찾아가 보았다. 첫 화면부터 글이 가득했고, 방문자 수가 많았다. 글을 몇 개 읽다가 '온라인 하루 특강 안내' 공지에 눈길이 갔다. 시간도 맞고 금액도 저렴해서 망설임 없이 특강을 신청했다.

 당시만 해도 온라인 강의가 낯설었지만, 듣는 데 큰 어려움은 없었다. 꼬박 두 시간을 앉아 시간 가는 줄 모르고 강의를 들었다. 강사는 서울에 살고 있지만, 부모님 고향이 영주라고 했다. 내가 살고 있는 곳과 같다는 사실에 괜히 더 집중하게 되었다.

블로그에 대해 아는 게 거의 없었다. 강사는 기초적인 부분부터 상세히 설명해 주었다. 하나하나 따라 해 보면서 모르는 기능을 알아가는 재미가 있었다. 본인이 블로그를 시작하게 된 계기와 과정을 설명해 주는 것도 흥미로웠다. 두 시간이 어떻게 흘렀는지도 모르게 강의가 끝나버렸다.

강의가 끝나고 나서 수강생들에게 강의 자료 PPT 파일을 그대로 나누어 주었다. 수십 장의 자료를 무료로 준다는 사실이 의외였다. 자료를 열어 복습하면서 블로그의 기능을 다시 한번 익힐 수 있었다.

강의를 들은 사람들은 단체 채팅방에도 초대가 되었다. 그곳에서 사람들과 소통했다. 강의 시간에 배운 것 외에도 잘 이해되지 않고 모르는 부분을 서로 묻고 답하기도 했다. 그렇게 조금씩 친해질 무렵, 한 사람이 제안했다.

"우리, 블로그 100일 글쓰기 도전해 보는 건 어때요?"

막 블로그를 시작한 나로서는 좋은 기회라 생각되었다. 습관을 들이기에 적절한 시기였다.

100일 글쓰기 챌린지에 참여했다. 처음엔 100일쯤이야, 할 수 있을 거로 생각했지만 그건 착각이었다. 며칠 버티지 못하고 결국 중단하고 말았다.

글을 잘 안 써보던 시절이다. 일기조차도 쓰지 않고 일상에서 긴 글을 쓸 일은 거의 없었다. 어떤 내용을 어떻게 써야 할지 막막했다. 그저 생각 나는 대로 그날그날의 일상을 기록해 보기로 했다.

매일 일상을 기록하는 것도 만만치 않았다. 블로그는 공개적인 공간이다. 글을 써보려고 하면 걱정부터 들었다. 내가 쓴 글을 누가 보기라도 하면 어쩔까 싶었다. '잘' 써야 한다는 강박에 사로잡혀, 글을 쓰지 않으면서 잘 써야 한다는 생각부터 했다.

어설프게나마 내 소개 글도 써보고 있었던 일도 써 봤다. 블로그를 운영하는 특별한 목적이 있었던 것은 아니다. 그냥 배웠으니까, 남들이 하니까 나도 따라 했다. 사진을 넣는다거나, 링크를 거는 등 모르던 기능을 활용하면서 글을 쓸 때면 조금 재미있기도 했다. 하지만, 하루 이틀 시간이 지날수록 점점 글 쓰는 일이 버거워지기 시작했다.

매일 한 편씩 블로그 포스팅을 발행하다가 점점 그 횟수가 줄어들었다. 100일을 목표로 했지만, 현실은 녹록지 않았다. 겨우 열 편 정도 쓰고 멈췄다. 쓰는 일은 어려웠다. 매일 아침 일어나 오늘은 또 무슨 글을 쓸까, 고민했다. 마음에 들지 않아도 자꾸 써보는 게 중요하다는 걸 뒤늦게 알았다.

그렇게 블로그 100일 쓰기 챌린지는 끝나버렸다. 뚜렷한 목표 없이 남들 따라 시작한 일이니, 오래가지 못한 것도 어찌 보면 당연했다. 블로그 글쓰기는 그리 만만한 것이 아니었다.

처음부터 100일 동안 쉬지 않고 글을 쓴다는 것은 나에게 무리였다. 처음 마음 같아서는 충분히 해낼 수 있을 거로 생각했는데 생각만큼 쉽지 않았다. 모든 일이 그렇다. 생각은 쉽게 하지만 실제 행동으로 옮기는 것은 여간한 의지와 노력을 가지고는 되지 않는다.

뚜렷한 목적을 가지고 의도적으로 노력한다고 하더라도 잘 안 되는 것도 있다. 막연한 마음으로 이룰 수 있는 것은 없다. 너무 쉽게 생각하고 시작했다. 당연히 잘 안 될 수밖에 없었다.

챌린지는 실패했지만, 시작은 할 수 있었다. 글 쓰는 게 쉽지 않다는 교훈을 얻었다. 그때 그렇게 시작해 둔 블로그에 지금은 약 천 편의 글이 쌓였다. 쓰다 말기를 반복했지만, 멈추지는 않은 덕분이다. 쓸모없는 경험은 없다.

결국 중요한 건 완벽하게 해내는 것이 아니라 일단 해 보는 것이었다. 처음부터 완벽할 수는 없다. 해 보고 안 되면 포기해도 괜찮다. 다시 시작하면 된다. 한 번 시도했던 경험 덕분에 이후 블로그 글쓰기를 다시 배울 때는 훨씬 수월했다. 아예 시도조차 하지 않는 것보다, 실패하더라도 도전해 보는 일이 훨씬 값지다. 실패는 성장의 한 과정이다.

호흡을 고르는 문장

"완벽하게 하려고 하지 말고, 일단 해 보자."

2

30일,
한 줄씩 쌓은 마음

　모든 도전은 그 자체만으로도 의미가 있다. 비록 실패하더라도 아무것도 시도하지 않는 것보다 낫다. 예전의 나는 망설이며 시작조차 하지 않았지만, 지금은 무엇이든 도전해 보려는 쪽을 택한다.

　블로그 100일 쓰기 도전이 흐지부지 끝나버린 후 아쉬움이 오래 남았다. '좀 더 잘할 수 있었는데.' 하는 마음이 자꾸 떠올랐다. 그러던 중 한 프로그램을 발견했다. 한 달간 진행되는 블로그 온라인 교육 과정이었다. 주제별로 체계적인 커리큘럼이 짜여 있었고 두 명의 전문 강사가 직접 코칭도 해준다고 했다. 꽤 솔깃한 제안이었다.

　문제는 수업료였다. 하루짜리 특강보다 무려 열 배나 비쌌다. 잠깐 망설였지만, 결국 또다시 덜컥 신청하고 말았다. 이번에도 뚜렷한 목표가 있던 건 아니었다. 단지, 블로그를 잘 운영해 보고 싶었다. 100일 글쓰기는 끝내 완주하지 못했지만, 이번만큼은 수업만 잘 따라간다면 30일은 충분히 해낼 수 있을 것 같았다.

햇살 따뜻하던 5월 어느 주말, 딸과 함께 영주에서 쫄면으로 유명한 식당 '나드리'로 향했다. 커리큘럼에 짜인 순서대로, 맛집 소개 포스팅 작성을 위해서였다. 어떤 곳이 좋을지 고민하다가 그 집이 떠올랐다. 과거 친구들과 자주 갔지만 최근에는 거의 간 적이 없었다. 검색을 잠깐 해 보자, 어머니부터 자식까지 대를 이어 운영하는 곳으로 40여 년 가까이 된 곳이었다. 방송에도 여러 번 소개될 정도로 유명해져 있었다.

골목에 서서 3층 건물을 올려다보며 간판 사진부터 찍었다. 입구 계단을 오르면서 벽에 붙은 포스터 사진도 찍고, 홀에 들어서서도 빠르게 매장을 눈으로 훑어보고 얼른 가게 내부 사진부터 몇 장 찍고 자리에 앉았다.

음식을 주문하고 계속해서 홀을 둘러보았다. 손님이 얼마나 있는지, 구조는 어떻게 되어 있는지, 실내장식은 어떤 점이 좋은지 관찰했다. 그사이에 주문한 음식이 나왔다.

"윤아, 젓가락으로 한 번 비벼봐."

딸이 젓가락으로 쫄면을 비비는 장면을 동영상으로 찍었다.

"이렇게 한 번 들어봐. 어 그래, 그대로 있어."

딸이 빨갛게 비빈 쫄면 한 젓가락을 집어 들자, 나는 재빠르게 핸드폰을 들어 카메라 버튼을 눌렀다. 머릿속에는 온통 사진을 잘 찍어야 한다는 생각 하나뿐이었다. 촬영이 모두 끝난 후 나도 젓가락을 들고 쫄면을 먹기 시작했다. 너무 매웠다. 몇 젓가락 먹을 때마다 물을 마셔야 했다. 어쩐지 그 옛날 친구들과 함께 먹던 그 맛은 안 났다.

집에 돌아와 사진을 정리하고 글 쓸 일이 남았다. 어떻게 해야 잘 쓸지 궁리했다. 간신히 몇 줄 쓰고 글 사이사이 찍어온 사진과 동영상을 추가했다. 제법 그럴듯한 포스팅이 만들어졌다. 과제를 마치고 나서 시계를 보니 거의 12시 가까이 되어 있었다.

다음 과제는 카페 소개 포스팅이었다. 어느 곳으로 정할지 검색 끝에 이번에는 찹쌀 도넛으로 유명한 가게로 정했다. 이번에도 딸과 함께 방문 날짜를 잡았다. 카페에 가서 음료와 도넛을 종류별로 시키고 메뉴판과 가게 안, 도넛 사진을 찍었다. 음식을 가까이에서 크게도 찍어보고 멀리서도 찍어보았다. 혼자서 갔더라면 그렇게 하는 것이 쉽지 않았을 텐데 딸이 동행해 줘서 다행이었다. 집으로 돌아와 글을 쓰고 사진을 편집해서 포스팅을 발행했다.

장소 포스팅 과제도 있었다. 인근 영주호 오토캠핑장을 찾았다. 포스팅을 위해 일부러 김밥과 과일을 준비하고 돗자리를 챙겨 떠났다. 1박을 했으면 좋았겠지만, 그럴 형편이 안 되어 당일 코스로 잡고 방문했다.

넓은 야영장을 누비며 또다시 구석구석 사진을 찍었다. 가족 단위로 캠핑을 온 가족들이 드문드문 보였다. 텐트와 카라반을 찍고 돌아다니며 편의 시설도 하나씩 살펴보고 사진에 담았다. 대충 할 일을 마치고 경치 좋은 곳에 자리를 잡고 돗자리를 펴고 앉았다. 가져간 음식을 펼쳐놓은 후, 풍경과 음식 사진을 또 찍었다. 계속해서 사진을 찍다가 문득 '내가 도대체 뭐

하고 있는 거지?'라는 생각이 들기도 했다.

　제품 소개 후기, 도서 소개 과제 등 주말을 빼고 매일 새로운 주제로 포스팅해야 했다. 아침에 눈을 뜨면 오늘 주제에 맞는 글을 어떻게 쓰며 어디를 정해서 사진을 찍을지 구상하기에 바빴다. 종일 블로그 생각을 하다가 밤 12시 마감 시간이 거의 다 되어갈 무렵 겨우 포스팅 발행 버튼을 누를 수 있었다.

　어떻게든 한 달 과정은 끝이 나고 과제를 모두 제출했다. 마지막 과제는 자신의 일과 관련된 포스팅이었다. 한자 강사 일을 하고 있었기에 관련 포스팅을 서너 개 올렸다. 그것 또한 작성할 때는 무척 힘들었지만, 조회 수가 제법 나왔다. 그때 올려놓은 포스팅은 몇 년이 흐른 지금도 가끔 조회되고 있다.

　그 포스팅을 보고 인근 도서관에서 수업해 달라는 요청이 와서 한 학기 수업을 하기도 했다. 30일 과정을 마치며 다양한 경험을 했다. 그동안 해보지 않았던 다양한 체험을 한 사실은 좋았지만, 역시 포스팅을 매일 올린다는 게 쉬운 일은 아니었다. 한 달을 하고 나자 자연스럽게 그만하고 싶다는 생각이 들었다.

　그렇게 한 달간의 프로그램은 끝이 났다. 무언가를 열심히 했다는 기억, 그 과정을 성실히 남긴 기록이 지금도 내 블로그에 고스란히 남아 있다. 가끔 그 시절의 포스팅을 들여다보며 추억에 잠긴다. 인기 글 순위에 그때 쓴 글이 여전히 올라가 있을 때면 누군가 내 글을 읽었구나 싶어 뿌듯하기도 하다.

　이번에는 중간에 포기하지 않았다. 눈에 띄는 성과는 없었지만, 도전한 사실 그 자체가 의미 있었다. 우리는 실패하면서 배우고, 도전하면서 성장한다. 결국 모든 도전은 우리 삶의 흔적이 되어 기록으로 남는다.

3

나를 이긴 건
결국 하루하루였다

    무엇이든 의욕을 불태우며 잠깐 열심히 하는 것보다, 꾸준히 지속하는 것이 더 중요하다. 열정은 유한하다. 처음엔 의욕 넘치다가도 욕심이 앞서면 쉽게 지치고, 결국 포기하게 된다.

    특히 다이어트가 그렇다. 며칠만 바짝 한다고 몸이 바로 변하지는 않는다. 오랜 시간에 걸쳐 조금씩 바꾸어 나가야 비로소 변화가 온다. 조급한 마음으로는 결코 성공하기 어렵다. '적게 먹고 많이 움직인다.'라는 단순한 원리는 누구나 알고 있지만, 막상 실천하려면 생각보다 쉽지 않다.

    어느 날, 인터넷을 하다 우연히 자기 계발 카페 몇 군데에 가입하게 됐다. 자연스럽게 오픈채팅방에도 참여하게 되었고, 거기서 다양한 정보를 접할 수 있었다. 그곳에는 광고가 자주 올라왔다. 스마트스토어, 독서법, 부동산 투자 등 각종 주제의 강의들이 끊임없이 소개되었다. 처음엔 별생각 없이 눈에 띄는 대로 이것저것 신청했다.

다 좋아 보였다. 조금이라도 관심이 가는 건 전부 참여하고 싶었다. 깊이 생각하지도 않고 충동적으로 신청했다. 무료 강의도 있었고, 고가의 유료 강의도 있었다.

그중 눈에 들어온 광고가 하나, '다이어트 회원모집'. 늘 살을 빼야겠다는 생각만 했을 뿐 구체적으로 어떤 노력을 기울였던 적은 한 번도 없었다.

주변에 살 때문에 고민하는 사람들이 많았다. 친구, 친척, 지인 등 누굴 만나든 '살' 이야기는 빠지지 않았다. 누군가는 다이어트약을 먹고 있었고, 누군가는 비싼 돈 들여 PT를 받는다고도 했다. 지인 중 한 명은 그 변신이 놀라울 정도로 살을 한번 뺐다가 요요현상으로 고생하고 있기도 하다.

호기심이 생겼다. '나도 한번 해 볼까?' 하는 마음으로 참여했다. 온라인을 기반으로 식단 조절과 운동을 병행하는 방식의 챌린지였다. 매일 먹은 음식을 사진으로 찍어 오픈채팅방에 올리고, 운동 앱으로 걷거나 달린 기록을 측정해서 인증하면 되는 간단한 시스템이었다.

운동은 익숙했다. 평소 새벽에 달리기를 조금씩 하고 있어서 자신이 있었다. 문제는 식단이었다. 식습관이 좋지 않았다. 과자 외 군것질을 자주 했고, 남편이 늦게 퇴근해 술 한잔하는 날이면 옆에서 어김없이 안주를 주워 먹었다. 체중 감량을 위해서는 먼저 식습관을 바꾸는 것이 우선이었다.

인증을 위해 음식 사진을 찍으려니 그릇부터 신경이 쓰였다. 아무렇게나 그냥 올릴 수는 없었다. 이왕이면 예쁜 접시에, 보기 좋게 담아서 올리고 싶었다. 사과 한 조각도 반듯하게 썰어 일렬로 배열했고, 음식이 접시 밖으로 튀어 나가지 않게 신경 쓰고 사진도 여러 번 찍어서 가장 이쁜 사진으로 올렸다.

운영자의 사진을 참고하며 식단 구성을 배워나갔다. 대부분 채소를 기본으로, 단백질과 탄수화물을 고루 갖춘 식단이었다. 인스턴트 음식은 거의 없었고, 자연식품이 대부분이었다.

무엇보다도 놀랐던 건 음식의 양이었다. 다이어트라고 하면 무조건 식사량을 줄인다는 이미지가 강했는데, 운영자의 접시에는 음식이 항상 푸짐했다. 무조건 적게 먹는 것이 중요한 게 아니라 질 좋은 음식을 제때, 적당하게 먹어주는 것이 중요했다. 배가 고프지 않게 잘 챙겨 먹는 것이 우선이고 핵심이었다.

운동은 여느 때처럼 새벽에 일어나 3km 정도를 매일 달렸다. 그 부분은 어렵지 않았다. 다만, 매일 음식을 장만하고 사진을 찍고 인증하는 일은 점점 부담으로 다가왔다.

아이들은 다 자라 객지에 나가 있고, 지금은 남편과 둘만 산다. 남편이 밖에서 밥을 먹는 날, 혼자 있는 나는 대충 먹는 경우가 대부분이었다. 다이어트 프로그램에 참여하면서 변화가 생겼다. 채소 중심으로 장을 자주 보게 되었고, 고기와 생선의 비중도 늘렸다.

혼자 점심으로, 비싼 소고기를 구워 채소와 함께 예쁘게 담아 먹던 날 나도 모르게 웃음이 났다. 오직 나 자신을 위해 정성껏 음식을 차리는 일이 낯설면서도 뿌듯했다.

한 달쯤 지났을 때, 체성분 검사를 해 보았다. 체지방이 약간 줄어 있었다. 몸이 한결 가벼워진 느낌도 들었다. 이대로만 계속하면 살이 계속 빠질 것만 같았다.

하지만, 시간이 지날수록 식사 준비하는 일이 점점 귀찮아졌다. 장 보는 것도 피곤했고, 요리를 하고 예쁘게 담아 사진을 찍는 일도 부담되기 시작했다. 운동을 이어가기는 했지만, 달리는 대신 걷는 날이 많아졌다.

게다가 오픈채팅방에는 새로운 프로그램 안내가 계속 올라왔다. 새벽 기상, 독서법, 다이어리 쓰기 등 다양한 자기 계발 프로그램들이 나를 유혹했다. 결국 이것저것 또 신청했고, 어느새 참여하는 프로그램이 여러 개로 늘어났다.

밤 12시 가까이 되어 자면서 새벽 기상을 한다고 4시에 눈을 떴다. 일어나서 얼마 동안은 그야말로 비몽사몽이었다. 책을 펴도 글자가 눈에 들어오지 않았고, 인증을 위한 시간 보내기만 반복했다. 피로가 쌓이면서 운동도 식단도 흐지부지됐다. 그렇게 다이어트 프로그램은 석 달쯤 하다가 자연스럽게 막을 내렸다.

< 제1장 > 시작은 가벼웠고, 마음은 오래 남았다

식단은 다시 예전으로 돌아갔다. 인스턴트 음식을 먹고, 야식과 배달 음식도 먹었다. 혼자 있을 때, 예전처럼 식사를 소홀히 하고, 장도 덜 보게 되었다. 몸무게는 차츰 다시 늘어났다. 자연스레 몸이 무거워졌고 마음 또한 무거워졌다.

식단과 운동은 단기 프로젝트로 끝낼 수 있는 게 아니다. 꾸준한 습관이 자리 잡지 않으면 오래 유지될 수 없다. 쉽게 생각하고 시작했던 만큼, 쉽게 포기해 버린 나 자신이 조금은 아쉬웠다.

꾸준함이 필요하다. 특정 기간이 아니라 평소 건강한 식단 관리와 적당한 운동을 해준다면 더 이상 살 때문에 고민하는 일은 없을지도 모른다. 내가 먹는 것이 나를 만든다. 자신이 어떤 음식을 먹고 있는지 살피면서, 나쁜 것은 피하고, 건강한 음식을 먹도록 노력하자. 그리고 많이 움직이자. 이것이 '살' 문제없이 살아갈 방법이라고 믿는다.

4

새벽을
먼저 여는 이유

    2019년 12월, 한 카페에서 새벽 기상 챌린지를 시작했다. 평소 6시쯤 일어나다가 한 시간을 당기니 쉽지 않았다. 처음엔 알람을 듣고도 바로 일어나지 못했다. 겨우 일어나 책상에 앉았지만, 정신이 몽롱했다. 책을 펴 보았으나 글이 눈에 들어오지 않았다. 몇 줄 읽고는 그대로 책상 위에 엎드렸다. 잠시 후 다시 고개를 들었지만, 집중이 되지 않았다. 30분가량 책을 보려 애쓰다 포기하고 일어났다. 옷을 갈아입고 밖으로 나가 강변을 천천히 걸었다. 차가운 공기를 쐬니 정신이 들었다.

    조금씩 적응이 되었다. 석 달간 챌린지를 하며 새벽 5시 기상이 점점 익숙해졌다. 알람 없이도 5시면 눈이 떠졌고 피로도 덜했다. 몸이 적응될 무렵 챌린지는 끝났다. 챌린지가 끝난 지 얼마 되지 않아서 아침 운동 인증 프로그램에 참여하게 되었다. 5시에서 8시 사이에 운동 후 인증하는 방식이었다. 새벽 5시, 눈 뜨자마자 운동화를 신고 나가 걷거나 달리고 인증했다. 새벽 기상 연습을 미리 해 둔 덕분이었다.

5시 기상은 자연스러웠고 쉬웠다. 무언가를 꾸준히 하면 결국 익숙해진다는 걸 몸으로 느꼈다. 더 이상 6시, 7시까지 침대에 누워 있을 수 없었다. 5시가 되면 자동으로 눈을 뜨고 밖으로 나가는 습관이 생겼다.

시간이 흘러 이번에는 4시 기상 챌린지 안내를 봤다. 5시 기상이 자리잡혀 있었는데 또 욕심이 났다. 4시에 일어나서 움직이고 있는 사람이 있다는 사실을 알고 나자 스멀스멀 4시에 일어나고 싶은 마음이 생겼다. 이번에는 66일을 인증하면 되었다.

처음부터 무리였다. 기상 시간을 한 시간이나 앞당기니 그야말로 비몽사몽이었다. 저녁에 일찍 자지도 않았다. 일찍 일어나려면 당연히 일찍 잠들어야 했지만 잠은 늘 자던 시간, 11시나 12시쯤 자고 새벽 4시에 일어나려니 당연히 무리였다.

일찍 일어난 한 시간을 제대로 쓸 수 없었다. 5시 기상 때와 마찬가지로 또다시 책상에 엎드려 있거나 아니면 다시 침대로 들어갔다. 며칠이 지나도 이번에는 도저히 적응할 수가 없었다. 자괴감이 들었다. 욕심부리지 말 걸, 왜 4시 기상 챌린지를 신청해서 이 고생을 하냐고 자책했다. 뚜렷한 목표 없이 그저 욕심이 나서 시작한 일이 화를 불렀다.

66일 중 이틀 빼고 인증을 모두 마쳤다. 간신히 버텼다. 하면서 괴로웠고 다 하고 나서는 별로 보람도 느끼지 못했다. 인증을 위해 억지를 부렸다.

새벽 시간이 집중이 잘되고 좋기는 좋다. 일어나 하루를 계획하고 해야 할 일을 방해받지 않고 처리하는 것은 물론 좋다. 하루를 내 손안에 먼저 쥐고 시작하는 것은 바람직하다.

하지만 내게는 무리였다. 밤을 양보하지 않고 아침 시간을 얻으려 했다. 일찍 일어난 한 시간을 별 의미 없이 보냈다. 단지 남들이 하니까 좋아 보여 따라 했다. 명확한 목표가 먼저 있어야 했다.

4시 기상 챌린지가 끝난 후 다시 5시 기상으로 돌아왔다. 일단 심적으로 부담이 없어 좋았다. 몸도 그리 피곤하지 않고 예전과 같은 컨디션을 되찾았다. 4시 기상은 나에게 무리한 도전이었다.

요즘 나는 기상 시간을 크게 고정하지 않는다. 무조건 5시에 일어나야 한다는 부담을 내려놓고, 하루의 리듬에 따라 유연하게 시간을 조절한다. 전날 밤늦게까지 강의를 들은 날이나 남편의 귀가가 늦은 날에는 자연스럽게 아침 기상 시간이 미뤄진다. 대신 그런 날은 낮이나 오후 시간을 알차게 채우려 노력한다. 덕분에 마음이 훨씬 가벼워졌다. 스스로에게 과도한 기준을 들이대지 않게 되었고, 하루를 대하는 태도도 여유로워졌다.

반드시 새벽에 일어나 무언가를 해야만 한다는 고정관념은 내려놓았다. 꼭 이른 아침이어야만 하루를 잘 시작할 수 있는 것도 아니고, 꼭 남들보다 먼저 움직여야만 성공할 수 있는 것도 아니다. 낮 시간도, 저녁 시간도 충분히 의미 있게 사용할 수 있다. 결국 중요한 건 언제 일어났느냐가 아니라

깨어 있는 시간을 어떻게 쓰느냐에 있다.

각자의 삶에는 각자의 리듬이 있다. 누군가는 새벽 4시에 일어나 집중력을 발휘하고, 또 누군가는 밤 10시에야 비로소 몰입되는 사람일 수도 있다. 중요한 건 그 시간대가 나에게 잘 맞는가이다. 주변을 보면 확실한 목표를 가진 사람들은 누구보다 일찍, 때로는 새벽 3시에 일어나 하루를 시작한다. 나 역시 뭔가 절실한 목표가 있다면 그렇게 움직일 수 있을 것이다. 하지만 그저 남들이 하니까 따라 하기에는 그 시간의 무게가 너무 무겁다.

결국 우리가 집중해야 할 것은 몇 시에 일어났느냐가 아니라 그 시간 동안 무엇을 했느냐이다. 기상 시간은 수단일 뿐, 목적이 되어선 안 된다. 누군가의 루틴이 내게도 맞으리라는 보장은 없다. 무작정 따라 하는 습관은 오히려 자기 삶의 리듬을 흐트러뜨릴 수 있다.

자신의 환경과 몸 상태를 이해하고 그것에 맞게 일상을 설계하는 것. 그것이 진짜 나를 위한 시간 관리가 아닐까. 다른 누구도 아닌 지금의 나에게 꼭 맞는 하루를 살아가는 것. 그게 진짜 의미 있는 도전이라는 걸 이제는 알 것 같다.

> 호흡을 고르는 문장
>
> "단순히 '일찍 일어나야지.' 보다는 일어나서 무엇을 할 건지, 왜 하고 싶은지를 구체화하자."

5

그때 우리,
함께 달렸지요

온라인 강의 탐색은 끝나지 않았다. 제대로 하지도 않으면서 계속해서 나는 뭔가를 찾고 있었다. 50대의 나이에 재테크, 부동산, 사업 등 여러 가지에 도전하며 책까지 출간한 사람이 있었다. 대단하다고 여기며 저자가 운영하는 프로그램에 참여했다. 매주 토요일 오전 줌 강의가 있었다. 경제 관련 다양한 강의가 진행되고 있었고 오픈채팅방에서 소통도 활발히 이루어지고 있었다.

어느 토요일 아침 줌 강의가 거의 끝나고 화면이 아직 닫히지 않았을 때였다. 화면에서 나가버리기가 아쉬워 남은 사람 몇 명이 개인적인 이야기를 주고받았다. 그날도 새벽 달리기를 하고 나서 강의에 참여한 후였다. 자연스럽게 새벽에 달렸던 이야기를 꺼냈다. 그러자 운영자는 내가 달린다는 사실에 관심을 보였다. 본인도 5km 마라톤에 참여해 본 적이 있다고 하며 수업 끝나고 개인적으로 연락을 달라는 말을 남기고 줌 화면을 닫았다.

수업이 끝난 후 운영자와 카톡을 주고받다가 통화를 하게 되었다. 본인도 달려보니 너무 좋더라며 달리기 온라인 모임을 한번 만들어 보라고 권했다. 달리기 특강을 열고 관심 있는 사람들을 모아 운동 모임을 운영해 보는 것이 어떻겠냐고 제안했다. 솔깃했다. 여러 사람 앞에서 강의한다는 것이 부담스럽게도 느껴졌지만, 한편, 할 수 있지 않을까? 하는 마음도 있었다.

도서관에서 학생들을 대상으로 온라인 강의를 해 본 적이 있었다. 자기계발 카페에서 30분 정도 어른들을 대상으로 미니강의를 해 본 경험도 있었다. 성인을 대상으로 하는 강의는 그때가 처음이었다. 평소 하던 한자 강의가 아니라 나의 달리기 이야기를 한다는 것은 무척 떨리고 긴장되었다. 며칠 동안 힘들게 PPT 자료를 만들고 연습을 해서 결국 강의를 했다. 발표하던 날 얼마나 떨었는지 나중에 녹화한 장면을 봤을 때는 차마 내 모습을 제대로 볼 수가 없었다.

강의를 하기로 했다. '커피 한 잔 값의 달리기 강의'라는 제목을 붙여 블로그에 공지 글을 쓰고 구글 폼 신청서를 만들어 단체카톡방에 올렸다. 스물다섯 명이 신청했다. 그들을 대상으로 평일 저녁 줌으로 온라인 강의를 했다. 그나마 처음 강의 때보다는 조금 덜 긴장했다.

달리기를 통해 달라진 내 경험을 이야기하면서 체력을 길러야만 하는 이유와 필요성을 강조했다. 강의가 끝난 후 십여 명이 온라인 모임에 신청했고 그들과 함께 아침마다 운동하고 인증했다. 회원들이 잘 참여할 수 있도록 매일 내가 먼저 운동 기록을 올리고 인증한 사람들에게는 일일이 댓글을 달아서 격려했다.

나는 이미 여러 해 해오던 일이라 익숙했지만, 온라인을 통한 운동 모임이 처음인 사람은 앱 사용법부터 서툴렀다. 모르는 것은 하나씩 알려줬다. 사소한 것 하나에도 회원들은 감사해 했다. 운동을 빠지지 않고 할 수 있도록 회원들을 독려하고 월말이면 개인별 운동 횟수를 집계 내서 공지하고 열심히 참여한 사람에게는 커피 쿠폰을 주기도 했다.

회원들은 대부분 운동을 거의 하지 않던 40~50대였다. 아침에 일찍 일어나는 습관이 생겨서 좋다는 사람도 있었고 동네 주변을 구석구석 걸으면서 새롭게 알아가는 재미가 있다는 사람도 있었다. 그동안 차만 타고 다니며 운동이랑 담쌓고 있다가 조금씩 움직이니 몸이 살아나는 느낌이 든다는 회원도 있었다.

매달 쉬지 않고 꾸준히 6개월 정도 참여하던 회원은 어느 날 5km 마라톤에 도전했다며 대회 현장에서 찍은 사진을 보내왔다. 완주 메달을 목에 걸고 가족과 함께 활짝 웃고 있는 모습을 보자, 흐뭇하기가 이루 말할 수 없었다.

50대 한 회원은 처음부터 동생과 함께 마라톤 출전을 목표로 운동했다. 매일 인증하며 기량이 점점 좋아지더니 마침내 동생과 10km 마라톤 대회에 나가서 좋은 기록으로 완주한 모습을 사진으로 보내오기도 했다.

아들과 함께 마라톤에 참여한 사람도 있었다. 모임에 참여하며 걷는 시간이 늘어나면서 몸이 좋아졌고 체력도 길러졌다고 했다. 그 회원도 아들과 함께 비 오는 날임에도 불구하고 마라톤에 참여해 환하게 웃는 모습을 사진으로 보내왔다. 시간을 두고 한 명 두 명 마라톤 대회에 출전했다는 이야기를 전해왔고, 성공의 기쁨을 맛본 이들이 소식을 전해주었다.

시간이 지나면서 참여 인원이 점점 줄기 시작했다. 이런저런 사정으로 그만두는 사람이 생겨났다. 매달 새로운 회원을 모집하고 관리하고 모임을 끌어 나가는 것이 보통 일이 아니었다.

내가 모임을 운영하기에 부족하다는 생각이 자꾸만 들었다. 회원들을 좀 더 잘 이끌어야 한다는 강박이 있었다. 이벤트도 열고 도전 과제도 줘서 좀 더 활발한 분위기가 만들어지고, 회원이 늘어나고 운동 효과가 눈에 띄게 나타나야 한다고 생각했다. 하지만 현실은 그렇지 못했다. 단톡방은 점점 조용해지고 참여율도 점점 줄어들었다.

그때도 크고 작은 자기 계발 프로그램에 참여하느라고 시간이 부족했다. 책을 쓰기 시작하면서 더욱 시간이 나질 않아 프로그램 운영에 집중하지 못했다. 그만두어야 할지 말아야 할지 갈등이 계속되었다. 약간의 참가비 정도만 받고 유료로 시작했던 모임을 무료로 돌렸다. 그래야 부담이 덜할 것 같아서다. 무료로 운영하는 것도 몇 달, 그것마저 버겁게 느껴졌다. 운동 모임을 시작한 지 1년 정도 되어 마침내 모임을 완전히 그만두게 되었다.

시작은 했지만, 끝까지 책임지지 못했다. 마지막까지 함께한 몇몇 회원들은 결국 그냥 보내야 했다. 지금도 그분들 생각을 하면 마음 한쪽이 무겁다. 믿고 따라와 준 사람들에게 내가 먼저 손을 놓아버렸다는 사실이 미안하고 죄송하다.

  지금은 각자의 자리에서 어떤 하루를 보내고 있을까 종종 궁금해진다. 여전히 새벽을 깨우며 걷고 뛰고 있을까. 아니면 바쁜 일상에 묻혀 운동을 잠시 멈춘 채 지내고 있을까. 무엇이 되었든, 그 시절의 짧은 인연이 그들에게 작게나마 좋은 기억으로 남아 있었으면 좋겠다.

  부디 어디에서든 건강하게 활기차게 살아가고 있기를 진심으로 바란다. 삶이 힘겨운 어느 날, 문득 그때를 떠올리며 '그때 참 좋았지.' 하고 조용히 미소 지을 수 있었으면 좋겠다. 아침 공기를 가르며 함께 걸었던 그 시간이 따뜻한 추억으로 남아, 앞으로 나아갈 힘이 되어주기를 바란다.

6

간소한 삶을
선택하다

딸 방에 있는 책상 앞에 앉아 글을 쓰고 있다. 책상 위에는 중앙에 노트북을 기준으로 좌우로 물건들이 가득하다. 사 놓고 안 읽은 책과 벽 여기저기에 붙여놓은 노란색 포스트잇이 보인다. 헝겊으로 된 필통에는 볼펜, 색연필, 사인펜, 형광펜 등이 넘쳐난다. 구글 타이머, 티슈, 탁상 달력, 이어폰, 독서대, 지갑, 수첩까지. 빈 곳이 거의 없다.

책상 옆에는 작은 화장대가 있다. 그 위도 만만치 않다. 모자 몇 개, 머리띠, 운동 전후 먹는 식염 포도당 상자, 미니 휴대용 약통, 더 이상 사용하지 않는 시계, 빗, 그리고 책 몇 권 쌓여있다.

바닥으로 한 번 가보자. 의자 바로 옆에는 지압 겸 종아리 운동 기구가 놓여있다. 그 옆에는 보조 나무 의자가 자리하고 있다. 그 위에도 책이 수북하다. 제일 위에는 지난봄 아는 작가로부터 선물 받은 책이 놓여있다. 아직 읽지 않고 표지만 오며 가며 보고 있다. 젊은 남자가 편안하게 다리를 꼬고 소파에 앉아 등받이에 몸을 기대고 있는 모습이다. 한 손에는 찻잔이 들려 있다. 깔끔한 표지다. 책 표지 속 집을 유심히 살펴보다가 내 방을 둘러본다. 한숨이 절로 나온다.

깔끔하고 깨끗한 집을 늘 꿈꾸어 왔다. 하지만 현실은 아니었다. 정리를 제대로 하지 않은 탓에 우리 집은 늘 어수선했다. 어쩌다 남의 집에 가보면 늘 단정하고 깨끗했고, 그런 집을 다녀온 날에는 우울했다. 복잡하고 어지러운 집을 어떻게 하지 못하고 마음 불편한 채 살았다.

2016년쯤 어느 날, 우연히 인터넷 검색창에 '정리 정돈'이라고 쳤다가 사진 한 장을 발견했다. 평범한 옷장 사진이었다. 옷걸이에 옷이 반 정도 걸려 있고 나머지는 텅 비어있었다. 옷 반, 공간 반이었다. 텅 빈 곳이 그렇게 편안해 보일 수 없었다. 사진 아래에는 긴 글이 있었다.

글을 쓴 사람은 친정어머니가 돌아가시면서 유품을 정리하는 과정에서 엄청 애를 먹었다고 했다. 그 영향도 있고 또 직업상 해외를 자주 다니며 짐을 싸고 푸는 일이 잦아서 짐을 최소한으로 줄일 수밖에 없었다고 했다. 그래서 지향하게 된 것이 바로 물건을 최소화한 삶. 그분은 관련 책을 읽고 자기 삶에 적용했다고 했다. 집 구석구석을 찍어 보여주는 사진마다 깔끔한 모습에 감탄이 절로 나왔다.

깨끗하고 깔끔한 집에 대한 갈망이 컸다. 도서관에서 『인생이 빛나는 정리의 마법』이라는 책 외에 정리 정돈과 수납에 관련된 책을 몇 권 빌려다

읽었다. 책을 읽으며 집 안을 조금씩 정리하기 시작했다. 당장 큰 변화는 없었지만, 조금씩 정돈되는 느낌이 왔다.

정리 관련 인터넷 카페도 검색해서 가입하면서 집안에 쌓인 물건들을 조금씩 줄여나가기 시작했다. 안 쓰는 주방용품과 옷을 버렸다. 옷은 마음먹고 비우니, 큰 포댓자루로 몇 자루나 나왔다. 재활용센터에 전화를 걸자 직원이 와서 직접 가져갔는데 그 많은 옷의 값이 몇만 원도 되지 않았다. 살 때는 몇십만 원 이상을 주고 산 옷이 그렇게 헐값에 팔린 것은 속이 쓰렸지만, 훤히 비워진 옷장을 보면서는 후련했다.

아이들 책도 많이 버렸다. 지금처럼 앱을 통해 쉽게 나눔이나 판매를 할 수 있는 시절이 아니었다. 책은 그냥 버리기가 아까워 몇 달에 한 번씩 열리는 시청 나눔 장터에 가서 팔거나 기부했다. 차 트렁크에 잔뜩 실어서 장터에 펼쳐놓고 이것 역시 구매가에 비해서 턱도 없는 싼값에 팔았다. 몇 번이나 그렇게 했는지 모른다. 많이 처분했지만, 여전히 집에는 책이 많다.

한동안 매일 눈만 뜨면 뭐 버릴 것이 없나 찾곤 했다. 쓰레기봉투를 아예 현관 입구에 두고 오가며 생각나는 물건이 있을 때마다 하나씩 집어넣어 봉투가 가득해지면 버리기도 했다.

시간이 지날수록 정리가 중요한 것이 아니라 애초에 필요없는 물건을 없애 버리는 것이 중요하다는 사실을 깨달았다. 애당초 물건이 없으면 정리에 시간과 에너지를 투자할 일도 없었다. 집이 좀 깨끗해지는 느낌이 들어가던 어느 날, 시댁 식구들과 모임이 있어 식당에서 외식을 마치고 나오던 중이었다.

"동서, 동서 집에 오랜만에 한 번 가볼까?"

형님이 느닷없이 말을 꺼냈다. 정리를 안 하고 마구 어지르고 살던 예전 같으면 기겁했을 일이다. 누군가 내 집에 방문한다고 하면 긴장부터 되었다. 하지만 그날은 달랐다.

"예, 형님 우리 집으로 가요!"

나도 모르게 자신에 찬 목소리가 나왔다.

한동안 열심히 집을 치우고 있었기에 의기양양하게 모두 이끌고 우리 집으로 향했다. 아무것도 없는 깨끗한 바닥, 베란다, 거실 장과 피아노 위. 그날 우리 집은 반짝반짝 윤이 났다. 집에 도착한 시댁 식구들은 집이 깨끗하다고 다들 한마디씩 했다. 속으로 우쭐해졌다.

그렇게 한동안 깔끔하던 집은 이후에 어떻게 되었을까. 다시 점점 예전의 모습으로 돌아왔다. 한동안 의욕적이던 마음은 곧 시들해졌다. 집은 다시 지저분해지기 시작했다. 옷장에는 정리하지 않은 옷이 넘치고 베란다도 사거나 받은 뭔가로 가득하다. 지금 이 방 책상 위만 해도 후하고 한숨만 나온다.

마음먹고 치울 마음이 이젠 그리 생기지 않는다. 그냥 이대로 살아도 별 문제는 없는 것 같다. 그래도 어지러운 것보다는 깔끔한 것이 더 나으니 가끔 청소는 하고 살아야지.

　나이가 들면서 생각이 달라졌다. 겉모습도 중요하지만, 더 중요한 건 내면을 정리하는 일이라는 생각이 자주 든다. 물건보다 더 버려야 할 건 불필요한 욕심, 복잡한 인간관계, 과도한 일정들이다. 그렇게 간소하고 단순한 삶을 향해 나아가는 것이 진짜 미니멀라이프 아닐까? 물론, 어쩌면 게으른 자의 변명일지도 모르겠다.

7

한 글자씩
마음을 다듬다

   우연히 한문 고전 필사를 하는 프로그램이 있다는 걸 알았다. 한문 공부를 해야겠다는 생각이 늘 머릿속에 있었다. 필사는 그냥 따라 쓰기만 하면 되니까 그리 어려워 보이지 않았다. 한문 공부가 늘 부담스러웠지만 일단 한번 해 보기로 하고 신청서를 작성해서 제출하자 밴드 초대 링크가 왔다.

   매일 선생님이 올려주는 일정 분량의 한문과 한글 해석을 그대로 노트에 두 번 적은 후 사진 찍어서 올리기만 하면 되었다. 기존 회원들이 이미 명심보감 필사를 하고 있었다. 공책 한 바닥 정도 한문을 쓰고 해석을 적는 것이 어렵지는 않았다. 모르는 글자가 나오면 사전을 찾아 공부했다.

   일요일을 빼고 매일 인증했다. 인증 일수가 일정 횟수를 넘으면 다음 달 회비에서 약간의 할인을 해줬다. 꼭 할인을 받기 위해서라기보다 신청했으니 성실히 임하는 마음으로 매일 인증을 놓치지 않았다. 한 달 과정이 마무리될 즈음이면 언제나 다수 인증자 순위에 들었다.

필사를 시작한 지 서너 달 후, 추석이 다가왔다. 선생님이 추석날도 인증을 하라고 했다. 이제까지 명절날 어떤 과제를 해 본 적은 한 번도 없었다. 의외였으나 못 할 것도 없었다. 이른 새벽에 일어났다. 시댁에 제사 준비를 하러 가기 전 노트를 펼치고 필사 먼저 했다. 일찍 일어났기에 조급하지 않았다. 편안하게 필사를 마치고 시댁으로 향하는 길, 아침 일찍부터 뭔가 하나 해냈다며 뿌듯해하던 기억이 아직도 남아 있다.

거의 빠지는 날 없이 꼬박꼬박 참여했고 그러다 보니 공책 한 권이 어느새 다 채워졌다. 명심보감을 천천히 따라 쓰면서 그 내용을 헤아려보는 시간이 좋았다. 혼자 조용히 책상 앞에 앉아 약 30분 정도 한문을 공책에 또박또박 적고 다 적은 노트를 볼 때면 마음이 차분하게 가라앉았다.

계속 참여하면서 공책도 다양하게 사용하게 되었다. 처음에는 집에 가지고 있던 일반 줄 노트에 한문과 해석을 썼다. 시간이 지나 노트를 다 쓰게 되자 이번에는 네모 칸이 그려진 한문 노트를 사용했다. 그러다가 선생님의 권유로 원고지 형태의 노트에 필사를 하기도 했다. 노트를 하나씩 채워가면서 자신감도 조금씩 자랐다.

한문 공부를 한 데에는 이유가 있다. 난 대학교 한문학과를 졸업했다. 졸업은 했지만, 학교 다니는 동안 공부를 거의 하지 않았다. 전공 필수 과목을 낙제하는 바람에 1년 후배들과 함께 수업을 듣기도 했고, 학사 경고를 받기도 했다.

대학을 졸업하고는 학원에서 아이들에게 수학을 가르치며 한문과는 전혀 상관없는 일을 하며 살았다. 둘째를 낳고는 전업주부 생활을 하다가 둘째가 초등학교에 입학하던 해 일을 시작했다. 아이들이 다니는 초등학교의 '방과 후 코디'라는 계약직 일이었다. 그 일을 하면서 자연스럽게 방과 후 강사 일을 할 기회가 생기게 되었고, 한자를 가르치게 되었다.

수업할 기회가 생겼지만, 아이들을 가르치는 데 영 자신이 없었다. 한자 강사가 되기는 했지만, 학생들을 어떻게 지도해야 할지 처음에는 갈피를 잡지 못했다. 마흔이 넘어 한문 공부를 다시 시작했다.

기초 교재부터 마련했다. 아주 쉬운 책으로 공부해 나가기 시작했다. 어느 정도 공부를 하다가 한자 급수 자격증 시험을 목표로 공부했다. 목표가 있으면 아무래도 공부를 더 열심히 할 것 같았다.

대한검정회 준2급 공인 급수 시험부터 보았다. 새삼스럽게 한문 공부를 하는 것이 힘들고 어려웠지만 그래도 열심히 한 덕분에 시험에 바로 합격했다. 그다음 급수인 2급 시험도 합격했다. 그렇게 준1급 시험까지는 무난하게 모두 합격했다.

마지막 1급 시험이 문제였다. 난이도가 갑자기 높아졌다. 객관식 50문제에 주관식은 100문제나 되었다. 준비 과정이 지루하고 힘들었다. 반드시 해내야겠다는 마음을 먹고 도서관도 다니면서 공부했지만, 첫 시험 결과는 불합격이었다.

다시 공부했다. 어려웠지만 꼭 합격해야만 한다는 마음을 먹고 노력한 결과 두 번째 시험에 합격할 수 있었다. 어느 정도 한문에 자신감을 가질 수 있었다. 공부해 가면서 아이들을 지도했다. 처음엔 몇 명 안 되던 수강생들이 점점 늘어나기 시작했다.

가르치는 학생들에게도 자격증 시험을 치게 했다. 목표를 정하고 매진하는 과정에서 아이들은 배우고 성장했다. 학생들의 성장을 돕는 것이 기뻤다. 지역 한자 강사 모임에도 참여했다. 기회가 될 때마다 한문 공부를 계속해 갔다. 점차 한문에 대한 부담이 줄어들고 어느 순간 한문 공부가 재미있게도 느껴졌다. 아는 게 많아지면서 더 이상 누가 한문에 대해 어떤 것을 질문해도 부담을 가지지 않게 됐다.

그렇지만 아직도 모르는 게 많다. 어쩌다 주변 사람들이 한문에 관해 물을 때면 답변을 시원하게 못 해줄 때가 있다. 예전 같으면 당황하고 얼굴이 붉어졌지만, 지금은 그렇지 않다. 바로 핸드폰을 꺼내 검색을 해서 질문에 대한 답을 알아낸 뒤에 물은 사람에게 알려준다. 한결 여유로워졌다.

얼마 전 지인들과 근처 교육청에 갈 일이 있었다. 건물 앞 비석에 큼지막하게 '敎學不倦(교학불권)'이라고 적혀 있었다. 누군가가 나에게 이게 무슨 뜻이냐고 물었다. 대강 해석은 되었지만, 정확한 의미를 알고 싶어서 검색해 봤다. 공자의 '學不厭而敎不倦(학불염이교불권)'에서 나온 말이다. 배우기를 싫어하지 않고, 가르치기를 게을리하지 않는다는 말이다.

아직도 우리 주변에서는 한자가 자주 눈에 띈다. 한자를 알게 되면 우리말을 더 잘 이해하게 되고 그 뜻을 조금 더 명확하게 알 수 있다. 어렵기는 하지만 배워두면 도움이 된다. 한글의 60~70%가량이 한자로 이루어졌기 때문이다.

두렵기만 하던 한문이 이제 익숙해졌다. 워낙 공부를 못 했던 경험이 있었기에 공부를 잘하지 못하는 아이들의 심정을 어느 정도 헤아릴 수 있다. 잘하지 못하는 학생은 어떻게든 잘할 수 있도록 이끌어주고 싶다. 나의 경험이 아이들을 지도하는 데 큰 자산이 되었다.

한문 고전 필사는 약 1년 정도 이어졌다. 시간이 지나며 새로운 일을 시작하게 되었고, 아쉽지만 필사를 그만두기로 했다. 지금 집에는 그 시절의 노트가 세 권 있다. 이 글을 쓰며 다시 꺼내 펼쳐보았다. 한 자 한 자 또박또박 써 내려가던 그 시간, 몰입과 집중 속에서 마음이 정리되던 그 순간들이 떠올랐다. 입가에 미소가 지어진다.

배움에는 늦은 시간이란 없다. 제때 하지 못했더라도, 나중에라도 얼마든지 할 수 있다. 결국 중요한 건, 하느냐 안 하느냐의 차이일 뿐이다. 마음에 걸리는 일이 있다면 지금이라도 늦지 않았다.

< 제1장 > 시작은 가벼웠고, 마음은 오래 남았다

8

다섯 문장이
남긴 것

'다섯 문장이라… 신청할까 말까?' 마우스를 손에 대고 고민하고 있었다. 다섯 문장만 쓴다는 게 쉬울 것도 같았지만 한편 '글쓰기'이기 때문에 걱정도 되었다. 글쓰기를 조금 배우다가 말았었다. 뭔가를 쓴다는 게 그렇게 부담스러울 수 없었다.

이번에도 온라인이었다. 직접 만나 글쓰기 수업을 들으면 좋았을 거다. 하지만 코로나 시기이기도 하고 수업을 들으러 타 도시까지 가는 일도 만만치 않았기에 온라인 수업만으로도 감사했다. 글쓰기에 미련을 버리지 못하고 다시 한번 배워보기로 했다.

당시 온라인으로 걷기, 달리기 모임에 참여하고 있었다. 그 모임의 운영자는 의외로 글쓰기 선생님이었다. 선생님은 독서와 글쓰기를 전문으로 가르쳤고 운동 모임은 일종의 취미 모임이었다. 그곳에 참여자로 있으면서 자연스럽게 글쓰기 모임에도 발을 들여놓게 되었다.

주제에 맞는 첫 문장이 주어지면 나머지 네 문장은 각자 알아서 채워야 했다. 매일 밤 8시가 마감 시간이었다. 어떻게든 마감 시간 안에 다섯 문장으로 이루어진 글을 완성해서 단체카톡방에 올려야 했다. 월요일에서 금요일까지 운영했고 주말은 쉬었다.

일주일 치 과제가 한꺼번에 올라왔다. 어떻게 쓸지 미리미리 구상해 두어야 했다. 신문 기사 읽고 요약하기, 그림 보고 감상문 쓰기 같은 과제도 있었다. 주말이면 각각 올린 과제에 선생님의 피드백이 달려서 올라왔다. 내가 쓴 글과 다른 사람이 쓴 글의 첨삭까지 모두 볼 수 있었다.

첫 문장에 이어 네 문장을 채우는 일이 절대 만만치 않았다. 비록 다섯 문장이지만 맥락 있게, 논리를 갖추고 문법도 맞아야 했다. 이리저리 머리를 굴리며 문장을 만들었다. 다섯 문장을 쓰는 데 보통 한 시간 이상, 길면 두세 시간이 걸리기도 했다.

주말이면 어김없이 선생님의 첨삭이 올라왔다. 단어 반복, 군더더기, 조사 하나, 선생님께서 꼼꼼히 짚어줄 때면 '아 그렇구나!' 하고 무릎을 쳤다. 첨삭을 받으니 확실히 내가 무엇을 잘못했는지 알고 수정할 수 있었다. 몰랐던 것을 조금씩 알아갔다. 하지만, 날이 갈수록 글 쓰는 일이 부담스럽게 느껴졌다. 써도 써도 도무지 나아지는 것 같은 느낌이 들지 않았기 때문이다.

내 글을 다른 사람이 보는 것도 신경 쓰였다. 다른 사람이 쓴 글과 첨삭을 보면서 공부가 되기도 했지만, 타인의 글을 계속해서 보자 자꾸만 비교하는 마음이 생기기 시작했다. 나는 못 쓴 거 같고 남은 다 잘 쓴 거 같았다.

시간이 흘러도 도무지 나아지는 기미가 보이지 않았다. 아주 어쩌다가 '어, 꽤 잘 썼네.' 하는 마음이 들기도 했다. 선생님의 칭찬을 받은 글도 있었다. 그래도 내 마음은 어쩐지 자꾸만 쪼그라들었다.

신문 기사 읽고 요약하기 과제를 받았을 때다. 아무리 읽어도 기사 자체가 무슨 의미인지 잘 이해가 안 갔다. 내가 독해력이 떨어지는 것이 아닌가 하고 의심했다. 몇 번 읽어도 이해가 안 가서 노트에 신문 기사를 한 문장 한 문장 옮겨적으면서 그 뜻을 이해해 보려 했다. 그래도 이해가 안 가는 건 마찬가지였다. 겨우 대충 짐작으로 요약하고 내 생각을 붙여 제출했던 기억이 난다.

그림 보고 감상 쓰기 할 때도 있었다. 그림을 종일 수시로 들여다봤다. 도대체 어떤 느낌인지 어떻게 써야 할지 감이 잡히지 않았다. 마감 시간이 임박해서 겨우 과제를 제출할 수 있었다.

지금 생각해 보면, 떠오르는 그대로 내 느낌, 감정을 쓰면 되는데 그때는 왜 그리도 고민했는지 모르겠다. 아무래도 그럴듯하게 잘 쓰려는 욕심이 앞섰나 보다. 어쩌면 글쓰기 초보였기에 당연한 일이었다.

다섯 문장 쓰기 수업을 그만두기로 했다. 최종 결정을 내리던 날, 나는 혼자서 영화관으로 향했다. 마음을 짓누르던 모든 부담을 털어버리고 그저 아무 생각 없이 영화 한 편 보고 싶었다. 그때 무슨 영화를 보았는지는 기억나지 않는다. 그저 더 이상 무엇을 어떻게 쓸지 고민하지 않아도 된다는 생각만으로 마음이 편안해졌다. 영화를 다 보고 최대한 느린 걸음으로 집으로 돌아왔다.

함께 공부할수록 나는 마치 대학생들 사이에 끼인 초등학생 같다는 생각이 머릿속에서 지워지지 않았다. 자꾸만 내가 초라하고 작게 느껴졌다.

독서가 부족하다는 사실도 느꼈다. 좋은 글은 그저 나오는 것이 아니다. 독서해야 어휘력도 높아지고 적확한 단어를 찾을 수 있고 문맥도 자연스럽게 된다. 독서는 쌀이고 글쓰기는 밥이다. 쌀이 있어야 밥을 할 수가 있었다. 꾸역꾸역 이어가던 다섯 문장 쓰기 공부를 거의 1년간 끌고 가다가 결국 포기했다.

토요일 새벽 여섯 시, 지금 나는 이렇게 글을 쓰고 있다. 다섯 문장 쓰기는 그만두었지만, 여전히 글쓰기를 놓지 못해 다시 공부를 시작했다. 자이언트 북 컨설팅을 다시 만나 공저에 참여하고, 개인 저서를 출간하기도 했다. 부족하지만, 혼자 힘으로 250페이지가 넘는 책을 완성하기도 했다. 다섯 문장을 완성하려고 끙끙대던 그 시절에 비하면 크게 발전했다.

하루아침에 성을 쌓을 수는 없다. 벽돌 하나하나가 쌓여야 비로소 성이 되는 법이다. 언젠가의 조그만 시도들이 모여 지금의 나를 만들었다. 어떤 일을 시작할 때 잘 할지 못 할지는 누구도 알 수 없다. 중요한 건 시도했다는 사실이다. 중간에 멈췄더라도 다시 시작했다면 그 자체로 의미가 있다. 그 시절의 실패가 있었기에 지금의 내가 있다.

50대, 멈추는 법을 배우다

< 제2장 >

멈추는 나, 다시 걸어보는 연습

자꾸 멈췄다.
자책도 했지만, 어느 날은 멈췄던 걸음 위에 다시 발을 얹었다.

1

우습게 보면
안 되는 일

'방과 후 강사 온라인 연수 안내'를 받은 건 한 달 전이었다. 강사 단톡방에 공지가 올라왔다. 원격 연수를 받은 후 이수증을 제출하라는 내용이었다. 안내문을 꼼꼼히 읽어보지 않고 대충 '아 연수를 해야 하는구나!' 하고 넘어갔다.

바쁘게 지내며 문득 한 번씩 연수를 받아야 한다는 생각이 났다. 온라인 연수를 받는 일은, 1년에 한두 번 정도로 자주 있는 일이 아니었다. 수강하는 것도 그리 어렵지 않았다. 화면을 틀어놓고 다른 일을 조금씩 해가면서도 충분히 별 어려움 없이 교육받고 이수증을 제출할 수 있었다.

예전 생각만 하고 이번에도 대충 하면 될 줄 알았다. 차일피일 미루고 있다가 어느 날 일단 사이트에 접속했다. 여러 기수 중 제일 앞에 보이는 걸로 무작정 신청 버튼을 눌렀다. 신청 완료되었다는 안내가 뜨자 강의실로 들어가 보았다. 전체 스무 개 강의로 구성되어 있었다.

시간 날 때 하나씩 들으면 되겠거니 하고 대수롭지 않게 여기고 사이트를 빠져나왔다. 며칠 뒤, 몇 개의 강의를 듣다가 말았다. 바쁜 일상을 보내다가 가끔 강의를 들어야 한다고 생각하곤 했다. 걱정이 되긴 했지만, 그뿐이었다. 시간이 한참 흘렀다.

걱정만 하던 어느 날 문득, 강사 단톡방을 열어 공지를 다시 한번 꼼꼼히 확인했다. 오늘은 어떻게든 강의를 들어야겠다 싶어서 사이트를 열었다. 맙소사! 강의 마감일이 당장 오늘이었다. 몇 개 듣지 않았기에 난감했다. 저녁 무렵이 되어서야 겨우 강의실에 입장했다. 한 강의당 20분 남짓 시간이 걸렸다. 한 개 강의 시간은 얼마 되지 않았지만, 완강하려면 몇 시간은 필요해 보였다.

시간을 얼추 계산해 보자, 오늘 밤 12시 전에는 잘하면 모두 들을 수 있을 것 같았다. 강의를 듣기 시작했다. 학생들 안전과 관련된 강의였다. 귀에 쏙쏙 들어온 강의도 있고 조금 지루한 것도 있었다. 저녁 시간이라 졸음이 몰려왔다. 노트북 화면 앞에 앉아서 꾸벅꾸벅 졸기 시작했다. 시간이 생각보다 빠르게 흘렀다. 이러다가는 안 되겠다 싶어서 화면 속도를 1.2배속으로 높였다.

시곗바늘이 점점 12시를 향해 가고 있었다. 속도를 1.5배속으로 바꿨다. 강사의 말은 더욱 빨라졌고 내 눈은 점점 더 감겼다. 이미 시곗바늘은 12시에 가까워지고 있었다. 오늘 안에 완강하지 못할 것이 분명했다. 도저히 참을 수 없었다. 몇 강을 남겨두고 노트북을 덮었다.

다음 날 아침 눈을 뜨자 허탈했다. 밤에 그렇게 고생했건만 결국 다 듣지 못했다. 노트북을 열었다. 수강 기간은 이미 끝났고 '미이수'라는 글자만 선명히 보였다. 마감을 지키지 못하고 실패했다.

처음부터 신경을 못 썼다. 공지를 좀 더 차분히 읽고 수강 계획을 제대로 세워야 했다. 걱정만 하고 실행하지 않고 있다가 마감을 코앞에 두고 허둥댔다. 왜 미리 계획하지 못했나 자책해도 소용없었다.

어쩔 수 없이 다음 기수 수강 신청을 했다. 마음이 불편했다. 늦었지만 다시 신청하고 듣고 나서 이수증을 제출하면 된다. 제출 마감까지는 아직 시간이 남아 있었다. 마음이 급해 후딱 해치우려는 생각에 내 상황과 여건을 고려하지 않고 덜컥 신청한 것이 문제였다. 결국 마무리하지 못해 아까운 시간만 날려 버렸다.

오늘도 비슷한 일을 겪었다. 오후 3시, 문득 학생들 한자 시험 접수를 하지 않았구나 싶었다. 노트북을 켜고 '대한검정회' 홈페이지에 들어가서 시험 일정란을 눌렀다. 2주 원서 접수 기간 중 오늘이 마감일이었다. 맙소사. 망치로 한 대 쿵 얻어맞은 것 같았다.

시험 날짜는 다음 달 셋째 주 토요일이라는 사실을 알고 있었다. 아직 한 달 이상이 남아 있어서 방심하고 있다가 사이트를 열어보고서야 마감일이 오늘이라는 사실을 알아챘다. 올해부터 바뀌는 사항이 몇 가지 있었고 그중 하나, 시험 원서 접수 기간에 변동이 있었다. 늘 하던 대로 할 거란 예상은 보기 좋게 빗나갔다.

　부랴부랴 시험 안내 문자를 학부모님들께 보냈다. 지난번 시험에서 떨어진 학생과 이번에 꼭 치고 싶어 했던 학생, 그리고 성실히 수업받은 학생들을 선별해서 보냈다. 조금 여유가 있었더라면 전체 학생을 대상으로 보냈을 거다. 다수의 학생에게 원서를 받아 접수할 마음의 여유가 전혀 없었다. 발등에 불이 떨어졌기 때문이다.

　오후 3시가 넘어서 문자를 보내면서 6시까지 답을 달라고 했다. 자정까지는 접수를 마쳐야 하기에 시간이 필요했다. 다급한 마음에 문자 먼저 보내고 나자 '너무했나.' 하는 생각이 들었다. 직장 다니는 학부모님은 퇴근하고 아이들과 의논 후 천천히 결정해야 할 문제다. 그런데 6시까지 답을 달라고 했으니. 문자를 아예 확인 못 했을 수도 있다.

　결국 몇몇 학부모에게는 전화를 돌렸다. 어떤 분은 기다렸다는 듯 접수하겠다고 했고, 어떤 분은 아이와 상의 후 저녁에 연락해 주겠다고 했다. 역시 아직 문자를 확인하지 못한 부모님도 있었다. 모두 내 불찰이다. 미리 확인하고 준비했어야 했다.

　우리 인생은 사소한 것들의 합이다. 아무리 작은 일이라도 쉽게 여기고 대충 넘겨서는 안 된다. 미리 챙기고 꼼꼼히 살피는 습관, 그게 결국 나를 살린다.

2

집중은 늘
재미와 싸웠다

 아침에 카톡이 하나 왔다. 동호회 선배가 보내준 동영상이었다. 지난주 있었던 봉화 송이 마라톤 대회 영상이다. 서른 명 가까이 되는 회원들이 운동장 푸른 잔디밭에 모여 찍은 단체 사진을 시작으로 동영상이 재생되었다.
 차분한 음악을 배경으로 대회 때 찍은 사진 하나하나가 펼쳐졌다. 출발선에 서서 대회 시작을 기다리는 내 모습이 찍혀있다. 여러 무리 속 조그만 틈으로 출발을 앞두고 긴장하고 있는 내 모습이 보였다. 카메라를 발견하고 손으로 브이를 그리며 웃고 있는 장면도 살짝 보였다.
 출발 신호와 함께 참가자들 틈에서 천천히 뛰어가기 시작하는 모습이 몇 장 사진에 담겼다. 사진을 보면서 그날의 긴장과 설렘이 되살아났다. 이어서 마무리 장면이 보였다. 21km 하프 코스를 두 시간 가까이 달리고 마지막 결승선에 들어오는 모습이다. 출발 때 많은 사람 사이에서 조심조심 작은 발걸음을 내디딜 때와는 달리, 성큼성큼 땅을 박차고 힘차게 골인 지점을 통과하고 있는 장면이었다.

운동장 한쪽에 마련된 천막 아래 의자에 앉아 신발과 양말을 벗고 발 앞꿈치를 당겨 스트레칭을 하는 장면도 담겨 있다. 경기가 끝난 직후 발에 쥐가 나려 해서 잠시 휴식을 취하고 있는 모습이다. 다음 사진은 아치 모양 결승점 앞에 맨발로 서서 한 손에는 운동화를 들고, 다른 한 손에는 가방을 들고 활짝 웃고 있는 장면이다.

마지막 장면은 결승점 통과 직전 제법 진지하게 달리는 모습이다. 이 장면에는 근사한 자막도 있었다. 화면 윗부분에 있는 워터마크는 정지된 것이 아니라 마치 물결처럼 살아 움직였다. 사진과 음악이 조화로운 영상을 보자 그날의 기분이 생생하게 되살아났다. 1분 30초짜리 영상을 보고 또 봤다.

요즘은 핸드폰에 자동 비디오 생성 기능이 있어 가끔 자동으로 영상이 뜨기도 한다. 직접 만들지 않아도 그동안 찍은 사진을 모아 핸드폰에서 자동으로 보여주기도 한다. 인공지능 기능으로 생성된 영상도 좋지만, 선배가 직접 정성을 기울여 만들어준 영상에 비할 바가 아니다.

아이들이 초등학교 다닐 무렵이다. '무비 메이커'라는 비디오 편집 프로그램을 이용해서 동영상을 만들어 본 적이 있다. 한때 잠깐 아이들 또래 친구 엄마들과 함께 독서 동아리 모임을 할 때였다. 동화책을 함께 읽고 독후 활동을 했다. 그해 여름, 인근 안동에 있는 동화 작가 권정생 생가를 다녀오기도 하고, 도서관 축제 기간 중 독후 활동 작품을 전시하기도 했다. 1년

동안 진행된 행사 이모저모를 찍어서 영상으로 남기기로 했다.

그때 내가 영상을 담당했다. 당시 컴퓨터를 썩 잘하지는 못해도 조금 다룰 줄 알고 있었다. 행사 때 찍은 사진들을 모아 편집하고 신나는 동요를 입혀 영상을 만들었다. 어디서 배운 것이 아니라 혼자 터득해 가면서 하느라 시간이 꽤 오래 걸렸다. 공들여 만든 영상은 제법 그럴듯했고 연말 모임에서 화면을 띄우고 발표했을 때 많은 박수를 받았다.

당시 컴퓨터 배우는 것이 재미있었다. 아이들이 둘 다 초등학교에 들어갔을 무렵, 여가 시간을 활용해 컴퓨터 자격증을 하나씩 취득했다. 워드프로세서, 컴퓨터활용능력 등 자격증을 하나씩 취득하며 성취감도 느끼고 배우는 즐거움이 있었다.

몇 년 전부터 합창곡에 관심을 가지기 시작했다. 지금은 시간이 나지 않아서 못 하지만, 예전 합창단 활동을 하며 노래 부르는 순간이 있었다. 누군가 부르는 노래를 듣기만 할 때와 직접 부를 때는 완전히 달랐다. 듣기만 할 때는 가사의 의미를 정확히 몰랐고 그다지 마음에 와닿지도 않았다.

합창단 단원 활동을 시작하게 되면서부터 노래를 듣는 처지에서 부르는 처지로 위치가 바뀌었다. 한층 더 깊이 노래의 의미를 이해하게 되었다. 익숙하던 노래라도 제대로 부르기 위해서는 가사를 정확히 알아야 했다. 의미를 이해하고 또 표현해 보려 하면서 그냥 듣기만 할 때와는 전혀 다르다는 사실을 알았다.

노래의 의미를 이해하게 되자 곡들이 하나하나 가슴에 와닿았다. 특히 여럿이 함께 부르는 합창곡은 서로 하모니를 맞추며 조화를 이룬다. 들으면 들을수록 아름답다. 최근 운전 중에도, 집안일을 하면서도 합창곡 듣는 것을 멈추지 않는다.

한때 에어로빅도 무척 좋아했었다. 신나는 음악을 들으며 땀이 흠뻑 나도록 움직이다 보면 스트레스가 어느 정도 해소되었다. 아들이 중학교 다닐 무렵이었다. 한창 사춘기라 예민한 상태로 아침마다 아들과 얼굴을 붉히고 언성을 높일 때였다. 아들이 등교하고 나면 무조건 물병과 운동복을 챙겨 가방을 메고 집 근처에 있는 스포츠 센터에 갔다.

처음엔 빠른 음악과 복잡한 동작에 몸이 잘 따라주지 않았다. 하지만 매일 나가 반복하다 보니 어느새 가장 뒷줄에서 앞줄로 위치를 옮길 수 있었고, 익숙하지 않던 안무도 저절로 외워지게 되었다. 큰 음악 소리에 맞춰 신나게 강사를 따라 하다 보면 머릿속 근심과 고민이 어느덧 사라졌다. 그 덕분에 아들 사춘기 시절을 무사히 지날 수 있었다.

에어로빅도 3년 정도 다녔다. 이후 다른 운동을 하게 되면서 아쉽지만, 에어로빅은 그만두게 되었다. 음악에 맞춰 움직이는 즐거움은 해 본 사람만 안다. 지금도 여유 시간이 생긴다면 다시 배워보고 싶다.

요즘은 동사무소나 도서관, 평생 교육 기관 등에서 다양한 프로그램을 저렴한 가격에 제공한다. 예전과 달리 마음만 먹으면 언제든지 쉽게 원하는 것을 배울 수 있다. 나에게 맞는 무언가를 찾아 꾸준히 하다 보면, 분명히 삶은 더 풍성해지고 즐거워질 것이다. 하고 싶은 것도, 배우고 싶은 것도 여전히 너무 많다. 내 안의 열정은 아직 끝나지 않았다.

3

원하는 일만 하며
살고 싶었다

 화요일 저녁, 퇴근하자마자 서둘러 저녁을 먹었다. 식사를 마친 뒤, 합창 연습에 필요한 악보를 찾기 시작했다. 내 방 책장 중간 줄에 꽂아 두었던 악보가 눈에 띄지 않았다. 지난주 연습이 끝난 후 어디에 두었는지 아무리 기억을 더듬어봐도 감이 잡히지 않았다.

 이 방 저 방을 헤매다, 결국 딸 방 책꽂이 한 귀퉁이에서 악보를 발견했다. 시간이 촉박했다. 얼른 악보를 가방에 넣고, 보면대도 챙겼다. 보면대가 유난히 무겁게 느껴졌다. 철제로 된 이 보면대는 부피도 크고 무게도 제법 나가서 매주 들고 다니는 게 여간 번거로운 일이 아니었다. 오늘은 그냥 두고 갈까, 고민했지만, 결국 가져가기로 했다.

 가방을 어깨에 메고 보면대를 손에 든 채 서둘러 집을 나섰다. 연습 시작 시각이 얼마 남지 않아 마음이 급했다. 연습 장소는 시청 본관 3층 대강당. 그곳까지 가려면 언덕을 꽤 올라야 했다. 숨을 헐떡이며 건물 1층에 도착했다. 엘리베이터를 탈까, 고민하다가, 시간에 쫓기는 마음에 바로 계단으로 향했다.

짐을 들고 성큼성큼 계단을 올라 겨우 연습실에 도착했다. 미리 도착한 회원들이 이미 의자를 반원형으로 배치하고 노래 연습을 할 준비를 하고 앉아 있었다.

"안녕하세요!"

사람들을 향해 큰소리로 인사하고 지휘자님이 왔는지부터 살폈다. 대구에서 오는 선생님이 조금 늦는 모양이었다. 아직 보이지 않았다. 뒷좌석 한쪽 자리에 가방을 내려놓고 앉으며 '휴' 하고 안도의 숨을 몰아쉬었다.

보면대를 꺼내 조립을 한 다음 그 위에 악보를 올려놓았다. 가방에 들어 있던 볼펜도 꺼내 악보 앞 받침대 위에 올렸다. 준비 끝이다. 그 순간 지휘자 선생님이 출입문을 열고 들어오는 모습이 보였다. 선생님은 오자마자 서둘러 수업을 시작했다. 인사를 나누고 모두 자리에서 일어선 다음, 팔을 뻗어 간단한 스트레칭을 하고 난 후 발성 연습을 시작했다.

발성 연습이 끝난 후 본격적인 노래 연습이 시작되었다. 오늘 첫 연습곡은 '도라지꽃'이다. 일주일 만에 다시 듣는 피아노 반주 소리가 귓가에 부드럽게 울렸다. 단원들이 내는 목소리도 듣기 좋았다. 행복한 기분은 잠시였고, 시간이 지나면서 자꾸만 하품이 났다. 피곤이 몰려왔다. 악보를 보는 눈이 아프고 딱딱한 의자에 앉아 있으려니 허리까지 아파져 왔다. 빨리 쉬는 시간이 오기를 기다렸다.

1부 연습이 드디어 끝났다. 회원들과 일주일 동안 있었던 안부를 주고받으며 총무님이 나눠준 간식도 먹으며 떠들다 보니 쉬는 시간 10분이 금세 지나갔다. 2부 연습이 시작되었고, 연습을 시작하자 또다시 피로해졌다. 졸다 말다 하면서 연습을 겨우 따라갔다.

지휘자님을 따라 부서별 연습과 전체 연습을 다양하게 했다. 억지로 버티며 연습 시간을 채웠다. 드디어 두 시간 수업이 끝나고 설치했던 보면대를 다시 풀어 가방에 넣고 악보도 챙겼다. 회원들과 인사를 하고 건물 밖으로 나왔다. 건물을 나오자마자, 캄캄해진 밤하늘에 뜬 별이 하나 눈에 들어왔다. 올 때 종종걸음치며 바쁘게 오던 모습과 달리 갈 때는 천천히 걸었고, 머릿속에 여러 생각이 스쳤다.

2020년 1월, 지인의 소개로 우연히 합창단에 들어갔다. 가입한 지 한 달도 채 안 되어서 코로나가 발생했다. 마스크를 쓰고 노래를 부르기도 하고, 시청 강당 사용이 제한되어 반주자가 운영하는 피아노 학원에 모여 연습하기도 했다. 가끔은 교회 강당을 이용하기도 했다. 메뚜기처럼 이리저리 옮겨 다니며 연습하다가 결국 몇 달간 연습이 중단되기도 했다.

처음 합창에 대해서 아무것도 모르고 그냥 따라 하면 된다는 말에 합창단에 가입했다. 노래를 잘 부르는 편이 아니었다. 어색하고 힘들었지만 매주 연습에 참여하고 자꾸 따라 하니 제법 합창에 재미가 붙었다. 악보 보는 법도 거의 몰랐는데 시간이 지나자, 악보도 얼추 눈에 들어오고 발성도 어느 정도 할 줄 알게 되었다. 노래를 부르며 순간순간 행복을 느꼈다. 문제는 바닥난 체력이었다.

합창을 시작하게 될 무렵 온라인 활동을 지나치게 많이 하고 있었다. 의욕이 넘쳐 눈에 보이는 대로 강의를 신청했다. 새벽 기상을 한다고 새벽 4시에 일어나기도 하고 재테크, 스마트스토어, 시간 관리, 부동산 강의까지 일주일 강의 일정이 빼곡했다.

합창 연습이 고작 일주일에 한 번인데도 그 시간 내기가 빠듯했다. 강의 시간에 맞추려고 연습이 끝나자마자 집으로 빨리 뛰어가기도 하고 가는 도중 핸드폰으로 줌 강의실에 접속해서, 걸으면서 강의를 듣기도 했다.

지나치게 욕심을 부렸다. 몇 년이 지난 지금 돌이켜보면, 그렇게 강의를 많이 들을 이유가 전혀 없었다. 그때는 왜 그렇게 강의 듣는 것에 열성을 냈는지, 의욕에 넘쳐 이것저것 듣기 시작했지만 제대로 들은 것은 거의 없다. 하다가 멈추거나 제대로 하지 못한 것이 대부분이다. 내 소중한 시간을 허비했다.

요즘은 달리기 훈련 시간과 합창 연습 시간이 겹쳐, 몇 달째 연습에 나가지 못하고 있다. 최근 우연히 예전에 불렀던 합창곡을 듣는 순간, 연습하던 때의 즐거웠던 기억이 하나씩 떠올랐다. 단원들과 함께 노래하던 시간, 아름다운 멜로디와 가사에 감동하던 순간, 무대에 서며 느꼈던 행복이 생생하게 되살아났다. 문득 깨달았다. 정작 좋아하던 합창은 놓친 채 그다지 중요하지도 않은 일에, 시간을 빼앗기고 있었다는 것을.

지금은 온라인 강의를 거의 듣지 않는다. 이제는 나에게 꼭 필요하고, 의미 있는 강의만 신중하게 골라 듣는다. 더 이상 내 시간과 에너지를 아무데나 흘려보내고 싶지 않다.

하고 싶은 일을 온전히 하며 산다는 건 쉽지 않다. 하지만 최소한 정말 하고 싶은 일에는 내 시간을 아낌없이 쓰고 싶다. 훗날 왜 그땐 좋아하던 걸 멈췄을까? 하고 후회하지 않기 위해서.

> 호흡을 고르는 문장
>
> "지금 이 순간, 진짜 내가 원하는 일을 하자.
> 바쁜 하루 속에도 나를 위한 한 조각은 꼭 담아두자."

4

해야 할 일에
파묻힌 하루

"다 끝났다!"

남편은 자신의 캐리어에 마지막으로 티셔츠 하나를 접어 넣으며 지퍼를 채운 다음 소파에 털썩 앉았다. 거실 바닥에 여행용 가방 두 개를 펼쳐놓고 짐을 싸는 중이었다. 짐을 모두 싼 남편이 부러웠다. 호주 여행이 사흘 앞으로 다가왔다. 남편 고등학교 친구 두 명과 그 아내들까지 여섯 명이 호주로 일주일 동안 패키지여행을 떠난다.

며칠 전부터 짐을 싸기 시작했다. 남편은 자기 옷 몇 벌과 기타 준비물들을 미리 챙기기 시작했다. 나는 가방만 펼쳐놓은 채, 아직 시작도 못 했다. 호주는 지금 계절이 봄이라고 한다. 조금 쌀쌀하므로 긴소매 옷을 챙기라는 여행사의 안내를 받았다. 옷장을 확인해 보았지만, 입을 옷이 마땅하질 않았다.

옷 몇 벌 사기로 마음먹었으나 오늘도 사지 못했다. 오전에는 운동하느라 시간이 훌쩍 가버렸고 점심을 먹고는 출근해서 일을 하느라 시간이 갔다. 퇴근길에 시내에 들릴지 잠시 생각했지만, 남편이 쉬는 날이라 집에서 내가 오기만을 기다리고 있을 게 분명했다. 조금이라도 빨리 집으로 돌아와 저녁을 차려야 할 것 같았다.

"몇 시에 밥 먹어?"

집에 들어서자마자 나를 본 남편이 예상대로 배가 고프다며 몇 시에 밥 먹냐고 물어본다. 재빨리 아침에 끓였던 찌개를 데우고 가지를 볶아 식탁을 차렸다. 남편은 맛있게 밥을 먹었지만 나는 잘 넘어가지 않았다. 시내에 들러 옷을 사고 오지 못한 것이 계속 마음에 걸렸다.

오늘도 새벽 일찍 눈이 떠졌다. 갱년기 증상인지 요즘 통 잠을 잘 자지 못한다. 새벽 3시 정도가 되면 눈이 떠진다. 바로 일어나면 종일 피곤할까 봐 다시 잠들기 위해 침대에 그대로 누워 있었다. 하지만 정신은 더욱 또렷해지고 잠이 오지 않았다.

핸드폰을 만지작거렸다. 어제 주고받았던 카톡도 확인하고 찍은 사진을 보기도 했다. 블로그에 들어가 글을 읽고 인스타그램에 올라온 이웃들의 소식을 보기도 했다. 눈이 따가웠다. 핸드폰을 침대 머리 위에 내려놓고 다시 눈을 감았다.

불면증이 계속되고 있다. 이유는 잘 모르겠다. 11월에 있는 마라톤 대회가 조금 걱정스럽기는 하다. 준비하며 연습하고 있는데 점점 훈련 강도가 강해지면서 겁이 나기 시작했다. 며칠 앞으로 다가온 호주 여행도 즐겁고 설렌다기보다 조금 부담스럽다. 할 일들이 많은데 여유롭게 여행을 다닐 때인가 하는 생각이 자꾸 든다.

 달리기 훈련을 하느라 수요일 오전 글쓰기 강의 듣는 것을 까맣게 잊고 있었다. 강변에서 예정된 훈련을 마치고 집 근처 아파트에 들어설 때야 비로소 글쓰기 수업이 생각났다. 생각났을 땐 이미 늦었다. 어떻게 그렇게 까맣게 잊을 수 있었는지, 허탈했다.
 다음 주 여행 일정 때문에 목요일에 하던 훈련을 수요일로 당겼다. 아침에 일어나 하루 일정을 미리 챙겼더라면 수업을 잊어버리는 일은 없었을 거다. 매일 아침 하루 일정을 다이어리에 적지만, 오늘 하필 그 시간을 놓쳐버렸다.
 저녁 수업을 듣기로 했다. 저녁을 먹고 수업이 시작되기 전까지 오늘 쓰기로 한 초고를 쓰고 있다. 빈틈이 없다. 학교에서도 바빴다. 여행 때문에 휴강 안내 단체 문자를 보내고 수업 결손에 대해 보강 계획을 세우는 등 할 일이 많았다.

 방과 후 강사 온라인 연수도 아직 듣지 못했다. 매일 세 개씩 강의를 듣기로 스스로 약속했지만 며칠째 지키지 못하고 있다. 다음 주까지 읽어야 할 책도 조금 읽다가 그대로 덮어 책상 위 독서대에 올려놓았다.
 짐을 싸야 한다는 부담감이 생겼다. 남은 이틀 동안 옷을 사고 짐을 챙겨야 한다. 미리미리 준비할 걸 이제 와서 허둥대고 있다. 매일 어떻게 지나가는지 모르게 가 버린다.

할 일이 늘 많다. 언제나 머릿속에 할 일을 계산하고 있다. 안 할 수도 없고 내가 해야만 하는 일들이다. 그날그날 할 수 있는 일은 해 나가면 되는데 마음만 앞선다.

지나가 버린 과거를 살 수도 없고 다가오지 않은 미래를 살 수 있는 방법도 없다. 우리가 살 수 있는 시간은 오직 현재뿐이다. 인생에서는 오늘이 전부다. 소중한 오늘을 나는 어떻게 보내고 있는지 돌아본다. 이렇게 마냥 언제나 일에 치여 할 일 때문에 근심하고 걱정하면서 살아갈 수는 없다.

할 수 있는 일은 하고 하지 못하는 일은 잊어버려야 한다. 일상의 여유를 가지고 싶다. 느긋한 마음으로, 조급해하지 않으며 살아가고 싶다. 하나씩 해결해 나가는 태도가 필요하다.

복잡하게 일상을 꾸리지 말고 최대한 간소한 삶을 살고 싶다. 단순하게 살수록 좋다. 단순하게 살 때 가장 행복한 삶을 살 수 있지 않을까.

호주 여행이 마냥 즐겁지만은 않다. 긴 비행, 일주일의 공백, 돌아와서 밀릴 일들까지 생각하면 걱정이 앞선다. 하지만 아직 오지 않은 일들로 마음을 무겁게 하지 말자. 현재를 즐기면 된다. 오랜 세월 함께 해온 남편 친구들과 그 아내들과의 여행은, 그 자체로 감사한 일이다. 좋은 추억을 만들

기회이기도 하다.

　인생을 숙제처럼 살지 말고 축제처럼 살라는 말이 있다. 하루하루가 숙제라면 얼마나 무거울까. 지금 내가 할 수 있는 한 가지, 그 일부터 실천하자. 그러면 걱정도 줄고 마음도 가벼워질 것이다.

5

파랑새는 없었다

대학을 졸업하던 해 3월 14일 첫 직장에 출근했다. 오랜 세월이 흘렀지만, 화이트데이였기에 아직도 날짜를 기억하고 있다. 친구 소개로 직장에 들어갔다. 나보다 나이가 두 살 많은 여자 원장이 운영하는 속셈학원이었다. 한 시부터 일곱 시까지 여섯 시간을 근무하기로 했다. 급여는 30만 원이었다.

개원한 지 얼마 되지 않은 학원이었다. 학원은 도로변 상가 2층에 있었다. 집에서 걸어가면 약 15분 정도 걸렸고 20평 남짓한 건물에 작은 간이 사무실 하나와 교실이 두 칸 있었다. 한 칸은 원장이 썼고 다른 한 칸은 내가 사용했다.

전체 학원생이 스무 명 정도였던 것으로 기억한다. 내가 맡은 아이들은 초등학교 4학년 남자 대여섯 명과 여학생 한 명이었다. 인원은 적었지만, 아이들 가르치는 일이 절대 만만치 않았다. 처음에는 정신없이 시간이 지나가더니 두 달쯤 지나자 어느 정도 적응이 되었다.

남자아이들은 장난이 심했다. 말을 안 들으면 혼내기도 하고 벌을 세우기도 했다. 매일, 장난치고 소란 피우는 아이들을 보면서 한숨지었다. 몇 명 안 되는 아이들을 통제하는 것이 힘에 부쳤다. '가르치는 일은 나에게 맞지 않구나.'라는 생각을 자주 했다.

하루하루 버티면서 시간이 지나갔다. 힘이 들긴 했지만, 아이들에게 정성을 다한 덕분인지 수강생이 하나둘 늘어나기 시작했다.

학원에 들어갈 당시 공무원 시험을 준비하고 있었다. 오전 시간을 이용해 공부해야겠다고 마음먹었지만, 생각만큼 공부가 잘되지 않았다.

시험을 쳤지만 계속해서 떨어졌다. 원인이 학원에 시간을 많이 빼앗겨서라고 생각했다. 학원을 그만두고 그 시간에 공부한다면 시험에 붙을지도 모른다고 생각했다. 그즈음 학원에 불만도 생기기 시작했다.

어느덧 원생이 사오십 명 가까이 됐다. 그에 비해 내 급여는 조금도 늘어나지 않았다. 일은 점점 힘들어지고 부당한 대우를 받고 있다는 생각이 자꾸만 들었다. 고민하다가, 원장님에게는 공부해야 한다는 구실을 대고 1년 가까이 다니던 학원을 그만뒀다.

학원을 그만둔 후 1년 정도 집과 도서관을 다니며 시험공부만 했다. 그렇게 시간을 보냈지만, 시험에는 여전히 떨어졌다. 답답해하던 시절, 길을 가다가 우연히 학원 원장을 만났다. 안부를 주고받다가 원장이 다시 학원으로 오면 안 되겠냐고 물었다.

1년 정도 공부만 하면서 가족들 눈치도 보이고 스스로 지쳐있었다. 무슨 일이든 하는 것이 좋을 것 같았다. 1년 만에 처음 학원으로 돌아갔다. 아이들은 여전히 말을 안 들었고 급여는 조금 올랐다고는 하지만 여전히 내가 생각하는 그것보다 적었다.

처음에는 다시 갈 곳이 있어 그나마 다행이라고 여겼지만, 시간이 지나자 다시 서서히 불만이 일기 시작했다. 매일 교차로 신문을 구해서 집으로 들고 왔다. 지금 있는 곳보다 '조금 더 나은 조건에 일할 수 있는 곳은 없을까?' 하고 신문을 뒤적이는 것이 일과였다.

계속 구인 광고를 보던 중 지금 있는 곳보다는 나을 것 같은 곳을 찾았다. 초중등생을 가르치는 입시 학원이었다. 젊은 부부가 운영하는 시내에 있는 큰 학원이었다. 적어도 지금 다니고 있는 학원보다는 나을 거라는 기대가 있었다. 면접을 보고, 그 학원으로부터 출근하라는 말을 들었다.

새로 옮긴 학원은, 전에 다니던 곳에 비해 규모도 크고 학생 수도 많았다. 강사도 서너 명이나 되었다. 급여도 많아졌다.

1년쯤 지난 후 어떻게 되었을까. 나는 다시 교차로 신문을 뒤지기 시작했다. 하루도 놓치지 않고 퇴근길에는 길가에 놓인 가판대에서 신문을 가져와 구인 구직난을 꼼꼼히도 살폈다. 학생들을 가르치는 일은 그럭저럭해 나갔다. 시행착오를 겪으며 어느 정도 아이들을 통제할 수 있었고 가르치는 일에 보람도 느꼈다. 하지만 또다시 불만이 생겨났다. 급여 문제, 강사들 사이의 갈등, 기타 문제들로 1년을 못 채우고 그 학원을 나왔다.

그 후에도 학원을 두 곳이나 더 옮겼다. 그러나 어느 곳에서도 1년 이상 버티지 못했다. 시간이 지나면 어김없이 문제가 생겼고, 나는 그걸 견디지 못했다. 이번엔 좀 더 나은 곳일 거라는 기대를 안고 새로운 곳으로 옮겼지만 결국 이전 학원과 별반 다르지 않았다.

돌이켜보면 문제는 언제나 직장이 아니라 나였다. 문제가 생기면 피하고 마음에 들지 않는 부분이 있으면 그 불편함만 계속 곱씹었다. 그렇게 부정적인 감정만 키워가다 결국엔 포기해 버렸다.

완벽한 삶이 없듯이 완벽한 직장도 없었다. 어디에나 불만과 문제는 있었다. 중요한 건 내 태도였다. 어떤 환경에서든 적응하고, 문제를 해결하고 부족한 점은 보완하며 나아가야 했다. 하지만 그렇게 하지 못하고, 나는 늘 조금 더 나은 곳을 찾아 마치 파랑새를 쫓듯 이곳저곳을 옮겨 다녔다.

파랑새는 그 어디에도 없었다. 아니, 사실은 항상 내 곁에 있었다. 단지 내가 보지 못했을 뿐. 중요한 건 지금 내가 있는 이 자리, 내가 서 있는 이 순간이다. 환경을 탓하기 전 나 자신을 돌아봐야 한다. 세상은 바꾸기가 힘들다. 세상을 바꾸는 가장 빠른 길은, 나를 바꾸는 일이다.

> 호흡을 고르는 문장
>
> "문제는 환경이 아니라, 환경을 대하는 나의 태도다.
> 변화는 언제나 나로부터 시작된다."

6

간절하지 않았기에
흔들린 날들

　인터넷 검색창에 'ㅇㅇ매일'이라고 쳤다. 신문사 홈페이지가 떴다. 다시 검색창을 눌러 아들 이름을 입력하고 엔터키를 눌렀다. 몇 개 기사가 떴다. 그중 하나를 클릭해 읽어보았다. 기사가 끝난 부분 제일 아래쪽 왼편에 아들 사진과 함께 ㅇㅇㅇ 기자라는 글자가 선명히 보였다. 나도 모르게 입꼬리가 쓱 올라갔다.

　아들이 지방에 있는 한 신문사에 취업이 되어 출근을 하기 시작했다. 아들은 올봄 대학을 졸업하고 약 6개월가량 취업을 못 하고 있었다. 어느 날 집으로 전화를 해서 자신이 살고 있는 지역 인근 신문사에 지원했다고 하더니 또 얼마 안 있어 면접을 보고 합격했다는 소식을 전해줬다.

　일자리를 구하지 못하고 있는 젊은 층이 많다는 기사를 자주 접하는 요즘, 아들의 취업 소식은 기특하고도 반가운 일이었다. 한편 조금 애잔한 마음이 들기도 했다. 면접하러 갈 때, 몇 년 동안 고수하던 개성 있는 긴 머리를 잘랐다고 했다. 이제 사회생활을 시작해야 하니 어쩔 수 없었나 보다.

취업하더니 지난 추석에는 첫 월급을 탔다며 집에 올 때 구운 김 선물 세트를 양손 가득 들고 왔다. 가족과 친척들에게 주려고 사 왔다고 하며 아주 얼굴이 싱글벙글하였다. 재래시장에 선배를 따라 취재하러 갔다가 가성비 좋은 김 선물을 구하게 된 사연을 신이 나서 줄줄이 이야기했다. 그러고는 명절날 할머니 댁에 가서, 친척들까지 김을 하나씩 나눠 주면서 말했다.

"제 월급이 얼마 되지 않아서요, 다음에는 더 좋은 걸로 드리겠습니다!"

아들의 말에 모두 한바탕 웃을 수 있었고, 집안 분위기는 그 어느 때보다 환해졌다.

아들의 취업이 기쁘지만, 혹시 일이 적성에 맞지 않아 그만두게 되면 어쩌나 하는 걱정도 사실은 없지 않다. 주위에 이야기를 들어보면 직장에 들어갔다가도 적성에 맞지 않아서 금세 나온 아이들이 많았다. 미리 걱정하는 것은 옳지 않겠지만 그런 염려가 드는 것은 사실이다. 하지만 나중에 그만두게 되더라도 현재는 다행이라는 생각에 감사하게 된다.

젊은 시절 공무원 시험을 여러 번 쳤다. 세무직, 행정직, 교육행정직 등. 여러 번 시험을 봤지만 모조리 떨어졌다. 대학을 졸업한 해부터 결혼 후까지, 몇 년간 시험을 봤다. 떨어진 횟수를 세다가 나중엔 포기했다. 정확히 몇 번 낙방했는지도 모른다.

시험을 보기 위해 서울까지 가기도 했다. 친구들과 기차를 타고 전날 올라가 숙소에서 묵고 다음 날은 보통 고등학교 건물에서 시험을 쳤던 것 같다. 긴장 탓인지 제대로 잠을 자본 기억이 없다. 피곤한 상태로 시험을 치고, 결과는 늘 실패였다.

한두 번 실패한 후엔 그냥 습관처럼 시험을 봤다. 걱정은 많았지만, 공부는 제대로 하지 않았다. 도서관에 가서도 졸기 일쑤였고, 친구가 부르면 책을 덮고 나가기도 했다. 안일하게 살면서 절실함이 없었다. 당연히 결과는 늘 안 좋았다.

학원 강사 일을 하면서 병행한 공부는 애초에 효과가 없었다. 강의를 마치고 나면 몸이 고단했고, 밤늦게 책상 앞에 앉아도 집중할 수 없었다. 결국 학원을 그만두고 오로지 공부만 한 적도 있다. 그때도 해내지 못했다. 무언가를 희생한다고 해서 곧바로 결과가 따라오는 건 아니었다.

함께 공부하던 가까운 친구들은 하나둘 시험에 합격하고 발령을 받아서 타지로 떠났다. 나만 남았다. 열등감과 패배감에 짓눌렸다. 그들이 멀어지는 만큼 나의 마음속 거리감도 점점 멀어졌다. 자신을 스스로 작게 느꼈고, 세상이 내게만 등을 돌린 듯했다.

가족의 사소한 말 한마디에도 상처받았고 위축됐다. 제대로 된 직장을 가진 것도 아니고, 공부에 집중한 것도 아니었다. 나의 이십 대는 그렇게 우울하게 흘러갔다. 실패의 연속이었고 희망은 없었다. 마음은 늘 먹구름 낀 하늘처럼 답답했다.

부모님 그늘에서 그리 불편함 없이 살아왔다. 생계를 책임져야 할 상황도 아니었다. 그래서일까, 간절함이 없었다. 꼭 취업해야 한다는 절실함 없이 그저 남들 하니까 나도 하는 식이었다. 진정 원하는 일이 무엇인지 진지하게 고민하지 않았다. 그 길밖에 없는 줄 알았다. 나중에야 내가 그동안 얼마나 편협한 사고를 하고 살았는지 알게 되었다.

조금만 더 일찍 나 자신을 들여다보고 질문했더라면 어땠을까. '나는 지금 어디에 서 있는가?', '정말 이 길이 내가 원하는 길인가?' 그런 질문조차 하지 않고 시간에 끌려다니듯 살았다. 방향 없는 노력이 얼마나 공허한지를 그제야 알게 됐다.

자신을 믿지 못했고, 현실을 마주할 용기도 부족했다. 지금 돌아보면, 한두 번 실패했을 때 멈췄더라면 어땠을까 싶다. 왜 깊이 생각해 보지 않고 시간을 그렇게 낭비했는지, 가장 패기 넘치고 의욕이 가득해야 할 이십 대를 그렇게 보내버린 아쉬움이 크다.

나이 오십이 넘은 지금, 나는 누구보다 열심히 산다. 지나간 시간은 되돌릴 수 없지만 지금이라도 후회 없이 살아야겠다는 생각이 크다. 젊은 날의 허비가 있었기에 지금 이런 마음가짐이 생긴 것일지도 모른다. 무력한 날들을 기억하기에, 오늘의 하루가 얼마나 소중한지 안다.

과거의 실패는 아프고 쓰렸다. 하지만 그 실패가 있었기에 지금의 나도 있다. 아픔은 추억이 되고, 추억은 교훈이 되었다. 그리고 그 교훈은 오늘 하루를 살아가는 힘이 된다. 이제는 안다. 절실함 없이 이루어지는 건 아무것도 없다는걸.

7

한 번 더
쓰는 사람이 되다

 일주일간 호주로 여행 다녀왔다. 여행 가기 전 마음은 다녀와서 지금 쓰고 있는 이 초고를 부지런히 쓰는 것이었다. 다녀온 지 벌써 10일이 지났지만, 한 편의 글도 쓰지 못했다. 다시 글 쓰는 습관 잡기가 쉽지 않다. 아마 여행 후유증인 것도 같다.

 어떤 일을 하다 보면 예기치 못한 상황이 발생하기 마련이다. 그때마다 그대로 주저앉는다면 목적지까지 갈 수 없다. 잠시 멈출 수는 있지만 계속해서 멈추지는 말았으면 좋겠다. 멈추는 시간이 길어질수록 목적지는 점점 멀어진다.

 매번 어떤 일이든 마음먹었다가 조금만 힘든 일이 생기고 생각지 못한 상황이 발생하면 금세 원래 하려던 일을 잊어버리곤 했다. 집중하지 못한 탓이다.

 호주 여행을 다녀온 이후로 쏜살같이 시간이 지나갔다. 우선, 결강했던 수업을 다른 날을 정해 보강을 해야 했다. 월요일이 수업이 없는 날이라 그 날로 정해 보강 수업을 했다. 여행에서 돌아온 바로 다음 날 진행했다.

　여행 중 담당 선생님으로부터 카톡이 왔다. 온라인 연수 이수증 제출을 언제까지 해달라는 내용이었다. 그 날짜가 여행에서 돌아오는 날 바로 뒷 날이었다. 원래 마감일이 정해지지 않은 것이었기에 막연히 돌아와서 제출해야겠다고 생각하고 있었다. 갑작스럽게 날짜를 지정하고 그것도 돌아가는 날 임박해서 제출하라고 하자 당황스러웠다.

　담당 선생님께 카톡을 보내 사정을 이야기하고 마감일을 하루 미룰 수 없냐고 물었다. 다행히 그래도 된다는 답변이 돌아왔다. 여행에서 돌아온 다음 날 새벽부터 바로 연수를 듣기 시작했다. 아침부터 밤까지 거의 노트북 앞에 매달려 수업을 겨우 다 들을 수 있었다. 이수증을 제출하고 나자 속이 후련했다.

　학교 수업을 하고, 일주일 동안 듣지 못한 글쓰기 수업을 듣기 시작했다. 특강과 정규 수업, 문장 수업을 차례로 들었다. 서울에서 열리는 저자 사인회도 다녀왔다. 미뤄두었던 지인 모임도 가졌다. 그렇게 일주일이 훌쩍 지나 버리는 사이 쓰고 있던 초고를 열어보지도 않았다. 어쩐 일인지 다시 한글 파일을 열어, 글을 쓴다는 것이 영 어색하게만 느껴졌다.

　글을 매일 쓰지 않으니 다시 쓰기가 어려웠다. 책상 앞에 다시 앉는 것 자체가 어색했다. 쓰지 않는 날이 하루하루 늘어가자 슬그머니 머릿속에는 집필을 그만둘까? 하는 생각마저 들었다.

무엇이든 습관이 들면 쉽지만 그렇지 않으면 어렵다. 자꾸만 글을 쓰는 것이 어렵게 느껴졌다. 과거에도 이런 적이 있다. 글쓰기를 시도했다가 포기한 경험이 있다. 시작해 놓고 적극적으로 달려들지 않았고, 시간이 지나자 아무렇지도 않게 포기했다.

2020년 9월 자이언트 북 컨설팅 책 쓰기 수업에 등록하고 수업을 들었다. 과제를 제출하고 쓰게 될 책의 제목과 목차를 받았다. 책을 쓸 수 있을 줄 알았지만, 결론부터 말하자면 한 줄도 쓰지 못했다. 걱정만 했지, 실제 글을 쓰는 행위를 하지 않았다. 써본 경험이 없었기에 막막하고 두려웠다. 내 이야기를 꺼낸다는 게 어려웠다. 잘 써야 한다는 강박도 있었다.

석 달이 흐르도록 수업만 들었지 한글 파일에 단 한 줄도 내 이야기를 적지 못했다. 그나마 시간에 맞춰 열심히 듣던 수업도 한두 번 빠지기 시작했고, 결국 완전히 손을 놓아버렸다. 시간이 흘러 2022년 겨울부터 다시 수업을 듣기 시작하고 과제를 제출하고 제목과 목차를 받았다. 첫 번째 실패 경험이 있었기에 두 번째는 어떻게든 끝까지 해야 한다고 다짐했다.

매일 글을 썼고 카페에도 올렸다. 초고를 완성하고 퇴고 안내를 받은 후 퇴고에 몰두했다. 퇴고가 끝나자 투고와 계약, 출판사 편집자와 원고 보완 과정을 거쳐 책을 완성할 수 있었다. 중간에 공저 두 권 집필을 병행하느라 조금 시간이 걸리기는 했지만, 아무튼 첫 개인 책을 출간할 수 있었다. 절대 포기하지 말자는 다짐이 있었기에 가능했다.

  두 번째 책을 쓰는 지금 포기하고 싶은 마음이 스멀스멀 올라온다. 자꾸만 글을 잘 쓰지 못한다는 생각이 든다. 그건, 어쩌면 매일 글을 쓰는 행위를 하지 않았기 때문이 아닐까 싶다. 사람이 어떤 행동을 계속하지 않을 때 부정적인 생각이 긍정적인 생각보다 훨씬 더 많이 든다고 어디선가 들었다.
  가만히 있을수록 부정적인 생각이 많이 든다는 말이다. 그건 아주 오래전부터 인류가 인간보다 힘이 센 짐승의 공격이나 위협받을 때를 대비한 결과라고 한다. 인간은 살아남기 위해 늘 주위를 경계해야만 하는 상황에 놓여있었다. 낙관적이고 긍정적으로 생각하기보다 언제 어디서 나타날지 모르는 적들 때문에 주위를 경계해야만 살아남을 수 있었다. 부정적인 생각을 가지는 게 당연하다는 이야기였다.
  글을 쓰지 않는 날이 길어질수록 앞으로도 쓰지 못할 것 같다는 부정적인 생각이 드는 건 어쩌면 당연한 일이다. 그렇기에 지금 내가 할 수 있는 일은, 생각을 멈추고 다시 한 편의 글을 써보는 것이다. 지나간 실패는 지나간 것이다. 그 실패가 오늘을 규정할 필요는 없다. 다시 시작하면 된다.

  어떤 일이든 고난과 어려움은 따르기 마련이다. 그것을 견디고 나아가면 성공이고 도중에 멈추면 실패다. 선택은 나에게 달려 있다. 조금 힘들다고, 조금 불편하다고 그만두는 일은 이제 없었으면 한다.

살다 보면 어떤 고난이든 찾아올 수 있다. 그때마다 주저앉지 말자. 툭툭 털고 다시 일어나 한 발 내디뎌보자. 묵묵히 걷다 보면 어느새 목적지에 도달해 있을 것이다. 오늘, 열흘 만에 다시 한 편의 글을 쓸 수 있어서 다행이다.

> 호흡을 고르는 문장
>
> "포기하고 싶은 마음은 누구에게나 온다.
> 그 순간을 넘기는 사람이 결국 이긴다. 긍정을 선택하고, 끝까지 가자."

8

시작한 일은
끝까지

오래전부터 글을 써봐야겠다는 생각이 마음속에 자리 잡고 있었다. 계속해서 벼르기만 하다가 2017년 5월 책 쓰기 수업에 등록했다. 지금처럼 온라인이 활성화되지 않은 시기였다. 현장에 가서 직접 수업을 들어야 했다. 대구에서 열리는 수업이었다. 개강일이 다가왔지만 막막했다. 지금이야 대구까지 직접 운전해서도 갈 수 있지만, 그 당시만 해도 대중교통 이용하는 것조차 어렵게 느껴질 때였다. 책 쓰기 수업에 등록한 일이 잘한 일인지 도저히 확신이 서지 않았다.

'내가 글을 쓰기는 무슨 글을 써.'라며 등록을 포기했다. 그 이후 글쓰기는 잊어버리고 살았다. 여전히 방과 후 강사 일을 하고 있었다. 오전에는 운동하는 등 자유롭게 시간을 보내다가 오후가 되면 학교에 나가 한나절 일을 하고 돌아왔다. 특별한 것 없는 날들이 흘러갔다.

아이들을 키우며 주로 혼자 시간을 보내며 인터넷을 즐겨 했다. 블로그나 카페 글을 자주 읽었다. 읽기만 했지 내가 글을 써볼 생각은 전혀 하지 못했다. 그저 마음에 드는 블로그가 있으면 매일 찾아가서 글을 읽고 어쩌다가 용기 내 댓글 한 줄을 다는 것이 전부였다.

처음 온라인 세계의 관심사는 육아였다. 아이들을 잘 키우고 싶은 마음에 육아 카페와 블로그를 수시로 드나들었다. 육아 카페에서 공구로 올라오는 책을 부지런히 사고, 카페 글을 통해 얻은 정보를 참고하며 아이들을 키웠다. 아이들이 어느 정도 자라자 더 이상 육아 카페나 블로그는 방문하지 않았다.

다음으로 옮겨간 관심사는 집안 인테리어였다. 예쁜 집에 대한 로망이 있었다. 한동안 인테리어 블로그에 집착했다. 매일 온라인 속 남의 집을 들여다보며 감탄했다. 그게 전부였다. 실제로 내 집이 아름답게 바뀌지는 않았다. 다음 관심사는 미니멀라이프, 짐을 줄이고 일도 줄이며 단정하게 살아가는 사람들의 모습을 봤다. 이것 역시 그들을 바라보기만 했지, 실제 내 집이, 내 삶이 깔끔해지지는 않았다.

코로나로 온라인 세상은 더욱 활발해졌다. 모르는 것도 많고 배울 것도 많았다. 눈에 띄는 정보들을 닥치는 대로 클릭해 들어가 살펴보기에 바빴다. 책 쓰기 수업이 눈에 들어왔다. 과거 한 번 등록했다가 포기한 경험이 있었다. 조금 망설여졌지만, 또다시 신청했다.

결과는 어땠을까. 몇 달 못 가 역시나 그만두고 말았다. 굳이 글을 안 써도 사는 데 아무 지장이 없었다. 글을 써야 할 절실한 이유도 없었다. 포기는 쉽고 간편했다. 그냥 수업을 안 들으면 그만이었다. 다시 내가 좋아하는 글을 찾아 읽으며 온라인 세상을 떠돌아다녔다.

시간이 흐르고 다시 자이언트 북 컨설팅의 강의를 들을 기회가 왔다.
"매듭을 지으세요."
모니터 화면을 바라보며 강사의 말에 나도 모르게 눈물이 주르륵 흘러내렸다. 책상 위에 놓인 티슈를 뽑아 슬쩍 눈물을 닦았다. 그러고는 다시 화면을 응시했다. 시작한 일을 늘 마무리 짓지 못했다. 그런 나를 질책하는 말로 들렸다. 마음만 먹었지 손에 쥔 성과는 아무것도 없었다.
"어떤 일이든 시작만 해놓고 마무리 짓지 않으면, 인생 흐물흐물해집니다."
꼭 나를 향해 하는 말로 들렸다. 나이 오십이 넘도록 이루어 놓은 게 없다는 생각이 들었다. 딱히 큰 문제도 없고, 아이들도 무탈하게 자랐지만, 인생을 온전히 살아낸 느낌은 없었다. 마음 내킬 때만 움직이고, 하기 싫으면 멈췄다. 그 모든 순간이 퍼즐 조각처럼 맞춰지며 '매듭'이라는 단어가 가슴을 찔렀다.

글쓰기 수업에 재등록하고 공부를 시작했다. 수업에 절대 빠지지 않기로 마음먹었다. 글을 꾸역꾸역 쓰기 시작했다. 글을 써본 경험이 별로 없이 책을 쓴다는 게 쉽지 않았다. 하지만 초고는 엉망이어도 된다는 말을 믿고 글을 쓰기 시작했고 두 달 가까이 걸려 초고를 완성했다.

퇴고 과정은 힘들고 지루했다. 공저를 함께 진행하고 있었기에 퇴고하는 데 거의 1년 가까이 걸렸다. 퇴고를 마치고 투고를 시작했다. 투고도 만만치 않았다. 서울에 갈 일을 일부러 만들어 볼일을 보고 대형 서점으로 향했다. 매대에 놓인 책들의 판권 정보를 하나하나 찍은 후, 집으로 돌아와 엑셀로 정리하면서 출판사 이메일을 수집하고, 한 곳씩 원고를 보냈다.

그리고 어느 날, 기다리던 메일이 도착했다. 아픈 아버지를 모시고 원주 병원에 갔던 날이다. 아버지가 검사를 하러 들어간 사이, 병원 복도 대기실 소파에 앉아 메일함을 열었다. 출판사에서 온 계약 제안 메일이었다. 앉아 있던 소파에서 벌떡 일어났다. 가슴이 쿵쾅거렸다.

첫 책을 출간했다. 어쩌면 아주 사소한 한 걸음이었을지 모른다. 하지만 내겐 의미 있는 변화의 시작이었다. 시작한 일을 끝까지 마무리 지은 최초의 경험. 그 경험이 나를 조금 단단하게 만들었다. 이제는 안다. 무엇이든 지속하지 않으면 결과는 없다. 포인트는 단순하다. 매일 하는 것. 그것만이 유일한 길이다.

요즘 세상은 유혹으로 가득하다. 정신을 차리지 않으면 하루에도 몇 번씩 초점이 흐려진다. 그런 세상 속에서 내가 해야 할 일은 단 하나다. 시작한 일은 반드시 매듭을 짓는 것. 도망가지 않고, 물러서지 않고, 끝까지 해내는 삶. 이제는 그런 인생을 살고 싶다.

오늘도 나는 나의 목표를 되새기며, 조용히 책상 앞에 앉는다. 또 하나의 매듭을 향해.

50대, 멈추는 법을 배우다

< 제3장 >

나를 믿는 근육을 키우다

우연히 시작했다.
매일 이룬 작은 성공이 점점 큰 기쁨으로 다가왔다.

1

하루 10분,
걷거나 달리다

'아무나 할 수 있는 일을 꾸준히 하면 아무나 할 수 없는 일이 된다.' 어디선가 본 이 말을 요즘 실감하고 있다. 5년 전 여름 우연히 공복 유산소 운동을 시작했다. 뚜렷한 목표가 있어 작정하고 시작한 건 아니었다. 자주 방문하던 블로그에서 회원 모집 공지를 보고서였다. 오전 5시에서 8시 사이 10분 이상 걷거나 달리고 인증을 하면 되었다.

공지를 보았을 때, 일단 재미있겠다는 생각이 들었고, '10분이면 충분히 할 수 있지 않을까?' 하는 마음도 들었다. 걷기보다는 '뛰어봐야지.'라고 마음먹고, 첫날 무작정 뛰었다. 하지만, 생각과 달리 10분 연속해서 뛰는 것은 불가능했다. 뛰다가 힘들어서 몇 번이나 시계를 쳐다보다가 결국 10분을 채우지 못하고 멈춰야만 했다. 도저히 숨이 차서 뛸 수가 없었다.

하지만 처음과 달리, 꾸준히 노력하자 10분은 물론 물론 그 이상도 뛸 수 있었다. 꾸준히 하면 분명 실력이 좋아진다. 잘하고 못하고는 어떤 일을 꾸준히 하느냐 그렇지 않으냐에 달려 있다고 본다.

10월 중순, 날씨가 많이 쌀쌀해졌다. 아침 6시, 긴 팔 티셔츠에 얇은 바람막이 잠바까지 입고 나갔다. 현관문을 나서자 싸늘한 공기가 느껴졌다. 갑자기 다시 집으로 들어가고 싶은 생각이 들었지만, 그 대신 어깨를 움츠리며 손을 점퍼 주머니에 집어넣었다. 평소라면 계단을 이용했지만, 오늘은 엘리베이터를 타고 내려갔다.

거리조차 어쩐지 휑해 보였다. 낙엽이 길가에 수북했다. 어제 늦게까지 넷플릭스를 보느라 잠도 푹 자지 못했다. '뛰지 말고 그냥 들어갈까?'라는 생각이 자연스럽게 들었다. 하지만 이왕 나온 거 뛰고 들어가자고 마음을 고쳐먹었다.

아파트를 빠져나와 강변 쪽으로 내려가서 다리 밑 출발 지점까지 갔다. 잠시 서서 팔다리를 쭉쭉 늘리며 스트레칭을 했다. 스트레칭을 하는데도 계속 추위가 느껴졌다. 빨리 뛰는 것이 차라리 좋을 것 같아, 달리기를 시작했다. 요즘은 훈련 일정에 맞추어 달린다. 오늘 목표는 5km는 천천히, 나머지 5km는 빨리 달리기다.

아무 생각 없이 뛰다 보니 1km 알람이 울렸다. 스포츠 시계를 들어 페이스를 확인했다. 6분 40초. 계획은 6분 30초였다. 속도를 높여 조금 더 뛰었다. 2km 알림음이 떠서 확인하니 6분 20초대였다. 이번에는 또 조금 빨랐다. 페이스를 정확하게 지키는 것은 쉽지 않다. 좀 더 마음을 가라앉히고 속도를 일정하게 맞추어 보자고 생각하며 계속해서 달렸다.

이후 나머지 3km는 거의 일정하게 6분 20초대 페이스가 나왔다. 조금 빠르긴 하지만 무난하게 전반 5km를 마무리했다. 잠시 멈추고 숨을 고르며 쉬었다. 이제 후반 5km가 남았다. 후반 목표 페이스는 5분 30초. 왔던 길 반대 방향으로 뛰기 시작했다. 다리의 부드러운 느낌과 빨라진 속도감을 느끼며 뛰다 보니 금세 알람이 울렸다. 5분 10초. 예상보다 빨랐다. 그래도 크게 힘들다는 느낌이 들지 않았다. 계속해서 이 속도로 뛰어보자는 마음이 들었다.

나머지 4km도 거의 5분 10초대 페이스를 유지하며 끝까지 달릴 수 있었다. 어느새 온몸은 땀으로 흠뻑 젖고 춥다는 생각은 언제 그랬냐는 듯 멀리 사라져 버렸다. 빨리 햇빛을 피해 그늘로 들어가야겠다는 생각뿐이었다. 이제 10km 정도 뛰는 것이 그리 어렵지 않다. 속도는 예전보다 훨씬 더 빨라졌다.

모든 것은 꾸준히 한 덕분이다. 하루 10분으로 시작했다. 누구나 할 수 있는 10분 달리기를 5년 가까이 중단하지 않고 계속했더니 이제 오래 달릴 수 있게 되었고 먼 거리를 달릴 수 있게 되었다.

뭐든 처음부터 잘할 수 있는 사람은 없다. 작고 쉬운 일을 반복하다가 보면 조금 어려운 일도 할 수 있게 되는 것이다. 반복하는 일은 지루하고 힘들기 마련이다. 지루함과 힘듦을 참고 계속해 나가다 보면 보람과 성취를 얻을 수 있다.

처음부터 어려운 일이었더라면 얼마 하지 못하고 금방 그만두었을지 모른다. 작게 시작해서 꾸준히 오래 했다. 그러자 점점 달리기 실력이 늘어났다. 실력이 늘어나면서 나에 대한 믿음도 점점 커졌다. 예전 같으면 쉽게 포기할 일도 이제 웬만해서는 포기라는 단어를 떠올리지 않는다. 어떻게든 하면 된다는 굳건한 믿음이 생겼다.

글을 쓰기 시작하고 책을 집필하고 있는 지금도 다르지 않다. 조금씩 글을 썼다. 물론 글쓰기는 달리기와 달리 많이 어렵기도 했다. 하지만 매일 조금씩 반복했다. 부족하지만 한 권의 책을 출간했고 지금 두 번째 책을 쓰고 있다.

꾸준히 하려고 한다. 매일 조금씩 반복해서 노력하다 보면 글쓰기 실력도 늘어나고 책 쓰기도 마무리되는 날이 올 것이라 믿는다. 아무나 할 수 있는 일을 꾸준히 하면 아무나 할 수 없는 일이 된다.

며칠 전 운동을 하던 중, 큰 다리 밑을 지나다가 흙길이 아닌 시멘트 길 위에 조그마한 물웅덩이를 발견했다. 자세히 살펴보니 철교 위에서 물방울이 하나씩 똑똑 떨어지고 있었다. 비가 왔을 때 다리 위에 고여 있던 물이 금이 간 틈을 통해 한 방울씩 떨어져서 만들어진 웅덩이였다. 낙숫물이 바위를 뚫는다. 목표한 일이 있다면 그 무엇이든, 쉬지 않고 꾸준히 해 보자고 다짐해 본다.

2

움직일수록,
마음이 가벼워졌다

    힘들고 어려운 일이 예전에 비해 크게 없다. 사실, 문제는 언제든 생기고 과거보다 더 힘든 일이 있을지도 모른다. 하지만 이제는 그 문제를 대하는 태도가 달라졌다. 웬만한 일은 심각하게 느끼지 않는다. 그저 그런 일이 생겼구나, 어떻게든 되겠지, 라고 생각하고 넘어간다.

    예전 같으면 조그마한 일에도 안절부절못하고 전전긍긍했다. 일이 잘못되면 어쩌나, 내가 무슨 문제가 있나 등 사소한 문제에 대해서도 고민을 많이 하고 신경 썼다. 운동을 꾸준히 하기 시작하면서부터는 그런 일이 많이 줄어들었다.

    몸을 써서 움직이게 되면 가지고 있는 고민이나 걱정의 크기가 확실히 줄어드는 것을 느낀다. 땀 흘리며 걷거나 뛰고 나면 마음이 한결 가벼워지면서 심각하게 생각되던 문제가 별로 심각하게 느껴지지 않는다. 지난 몇 년간 생각이 많이 바뀌었다. 좀 더 긍정적이고 낙관적으로 변했다.

오늘 아침 유튜브를 통해 안정은의 인터뷰를 보았다. '러닝 전도사'라고도 불리는 안정은은 달리기 분야에서 꽤 유명한 사람이다. 『나는 오늘 모리셔스의 바닷가를 달린다』 외에 달리기 관련 몇 권의 책을 출간한 작가이기도 하다.

그녀는 젊은 시절 소위 말하는 '고립 은둔 청년'이었다고 한다. 대학을 졸업하고 대기업 정보 통신 분야에서 일하게 되었으나 적성에 맞지 않아 6개월 만에 직장을 그만두었다. 자신이 진짜 원했던 일을 찾아 중국 항공사 승무원 시험에 도전해서 합격했다. 하지만 안타깝게도 비자 문제가 생겼다. 하나둘 비자를 받아 취업하게 되는데 합격자 200명 중 자신만 마지막까지 비자를 받지 못했다. 3년여를 기다렸으나 결국 취업에 실패하고 말았다.

그녀는 대인기피증에 극심한 우울증까지 겪게 되고 결국 집안에 머무르며 밖을 나오지 않았다. 몹시 답답하던 어느 날, 집을 나와 길을 걷던 중 자신도 모르게 눈물이 줄줄 흘렀다고 한다. 그 모습을 누가 볼까 봐 무작정 달렸다. 5분도 안 된 시간이었지만, 그렇게 한참 달리고 나니 뭔가 속이 뻥하고 뚫리는 느낌을 받았다고 한다. 그날 이후로 그녀는 지금까지도 달린다.

달리기를 시작한 그녀는 끝없는 도전을 이어간다. 마라톤 완주는 물론 세계 6대 마라톤에 도전해서 대한민국 최연소 6대 마라톤 완주자가 된다. 그뿐만이 아니다. 몽골 고비사막 울트라마라톤 대회에 참가해 250km도 완주한다. 하루에 40km씩 거의 매일 마라톤을 하며 그렇게 완주했다.

이미 책으로 읽은 적이 있지만, 직접 그녀의 인터뷰를 들으면서 정말 대단하다고 느꼈다. 그렇게 마라톤의 매력에 빠져든 그녀는 지금 전국 각지로 강연을 다니며 달리기가 가져다준 삶의 변화와 가치를 전하고 본인이 직접 달리기 관련 용품 사업도 하고 있다. 달리기 하나로 인생이 완전히 바뀌었다고 말한다.

최근에는 결혼하고 아이를 출산했다. 임신 중에도 9개월 차까지도 조금씩 달렸다고 한다. 달리기를 하면 자신감이 들고 자신에 대해 많이 생각해 보게 된다고 한다. 달리는 시간은 자신을 들여다볼 수 있는 시간이라고 했다. 인터뷰를 듣는 내내 고개가 끄덕여졌다. 안정은 외에도 달리기로 유명한 유튜버나 책을 쓴 저자들을 보면 대부분 삶의 어떤 문제를 겪던 중 달리기를 만나 새로운 삶을 살아가게 된다.

나는 요즘 표정이 많이 바뀌었다는 소리를 자주 듣는다. 몇 년간 달리기를 하면서 나에게도 많은 변화가 있었다. 일단 즐거워졌다. 매일 아침 일어나 밖으로 나가서 신선한 공기를 쐬고 자연의 변화를 보다 보면 기분이 좋아지지 않을 수 없었다.

아침마다 좋은 기분을 느끼며 내 표정도 많이 바뀐 것 같다. 그전에는 느끼지 못하던 설렘도 있다. 매일 아침 눈을 뜬다는 사실이 기쁘다. 이런 감정을 느껴보기는 실로 오랜만이다. 중년이 되면서 삶은 그저 그런 날들의 반복이었다. 크게 기쁘거나 설레는 일이 없었다.

나이 들어간다는 생각, 별로 이루어 놓은 것도 없이 시간만 흘러갔다는 생각을 많이 하며 살았다. 하지만 지금은 그렇지 않다. 흐르는 시간이 아깝다. 아직도 해 보고 싶은 일이 많다. 새로운 도전을 계속하고 싶고 남은 인생을 잘 만들어 가고 싶다.

보다 긍정적으로 세상을 바라보게 된 데에는 자연의 영향이 크다. 달리기를 하면서 매일 밖으로 나가면서 새로움에 눈떴다. 나이 오십이 넘어서야 비로소 자연의 아름다움을 알게 되었다. 지금에야 알게 된 것이 안타깝지만, 지금이라도 알게 되어 다행이다. 하마터면 자연의 아름다움을 느끼지 못한 채 방 안에 갇혀 우울한 시간을 보낼 뻔했다.

매일 변하는 하늘과 구름, 바람, 나무와 꽃 등을 바라보았다. 매일 보니 알 수 있었다. 새벽 공기의 신선함과 여름 아침 매미 소리, 가을 선선한 바람, 눈 내린 겨울 아침의 고요한 느낌 등 밖으로 나가지 않았더라면 이 모든 것들을 놓칠 뻔했다.

자연을 접하고 달리기를 통해 땀 흘리면서 나는 조금씩 변해갔다. 부정적이고 우울한 감정으로 살던 나는 서서히 긍정적이고 밝은 모습이 되어가고 있다. 물론 살아가다 보면 힘들고 짜증 나는 일도 생긴다. 하지만 그 기분은 이제 그리 오래가지 않는다. 밝은 쪽으로 돌아오는 데 시간이 얼마 걸리지 않는다.

자연은 가장 좋은 치료제다. 거기다 바람은 가르며 달린다면 금상첨화다. 굳이 달리지 않아도 좋다. 매일 아침 집 밖으로 나가서 신선한 공기를 쐬고 햇볕을 쬐고 하늘과 구름을 바라본다면, 우울감은 줄어들고 표정은 더 환해질 거라고 믿는다.

> 호흡을 고르는 문장
>
> "밖으로 나가 걸어보자. 바람을 느끼고, 햇살을 마시자.
> 몸이 가벼워지고, 마음도 풀린다."

3

10km가
건넨 응원

도전이라는 단어는 나와 어울리지 않았다. 살아가면서 도전이라는 단어를 갖다 붙일 만큼 뭔가 대단한 시도를 해 본 기억이 없다. 주어진 일만 하기에도 벅찼고 안전지대를 벗어날 줄 몰랐다. 나는 그런 사람이었다.

어릴 적부터 교사라는 꿈을 가지고 있었다. 그래서 대학은 사범대에 진학하고 싶었지만, 성적이 미치지 못했다. 일반학과에 진학해 교직 과정을 이수하는 방법도 있다는 걸 알게 되었고, 그 길을 따라 과를 정하게 되었다. 하지만 당시 성적이 상위 30% 안에 드는 학생들에게만 교직 이수 자격이 주어졌다. 별로 어렵지 않겠다 생각했지만, 등수에 들지 못했다. 결국 교사의 꿈은 포기할 수밖에 없었다.

교사가 되지 못한 것에 대한 미련은 대학을 졸업하고 결혼하고도 계속되었다. 교육대학원에 진학해서 교사가 되는 방법이 있었다. 하지만 이번에는 대학 성적이 좋지 않아 교육대학원에 입학할 수가 없었다.

방법을 찾아보았다. 방송통신대학에 편입해서 2년을 마친 뒤에 교육대학원에 진학하는 방법이 있었다. 교육대학원을 졸업하면 교사자격증을 얻을 수 있고 교사가 될 수도 있을 것 같았다. 과정은 어렵겠지만 시도해 볼 만하다고 생각했다. 혼자서 오래도록 고민하다가 남편에게 조심스럽게 말을 꺼냈다. 내 이야기를 들은 남편이 바로 대답했다.

"굳이 그럴 필요가 있어?"

남편의 한마디에 마음이 와르르 무너졌다. 엉겁결에 그래, 그렇냐는 대답이 내 입에서 나왔다. 마트에 갔다 오겠다 하고 집을 나왔다. 엘리베이터를 탔다. 나도 모르게 눈물이 수도꼭지를 틀어놓은 것처럼 줄줄 흘러내렸다. 방통대 편입은 포기했다. 20년도 더 지난 일이다.

달리기를 몇 달 하고 나자 10km를 한번 뛰어보고 싶다는 생각이 자연스럽게 들었다. 10km만 뛸 수 있다면 소원이 없을 것 같았다. 마음속에 어떤 소망을 가진다는 게 참으로 오랜만의 일이었다. 5~6km를 달릴 수 있게 된 어느 날, 손기정 마라톤 안내 글을 보게 되었다. 글을 읽어 내려가며 손은 이미 신청란을 클릭하고 있었다. 매일 뛰면서 점점 발전하는 내 모습에 스스로 마음이 한껏 부풀어 있었다.

2020년 11월 당시 코로나가 한창일 무렵이라 마라톤은 온라인으로 이루어졌다. 단체로 한곳에 모여 함께 달리는 것이 아니라 각자 있는 곳에서 개별로 뛰고 앱을 통해 인증하면 되었다. 손기정 마라톤 대회에서 공식 인증

앱은 '런데이'였다. 런데이 앱을 깔고 적응 연습을 시작했다. 혹시라도 앱을 다룰 줄 몰라 기록을 인증하지 못한다면 안 되었기 때문이다.

달리기 연습을 하면서 런데이 앱을 켰다. 혼자서 매일 아침 강변에 나가 뛰었다. 비록 다른 사람들과 함께 뛰는 것은 아니었지만, 혼자라도 비록 온라인이지만, 공식 대회에 참가한다는 기대와 설렘이 있었다. 하루빨리 대회 날이 오기를 기다렸다.

대회 날은 11월 중순, 흐리고 쌀쌀한 날 아침이었다. 늘 하던 대로 아파트에서 나와 강변으로 내려가 한정교 다리 밑, 내가 정한 출발점에 섰다. 스트레칭을 꼼꼼히 하고 출발 시간을 기다렸다. 손이 시려 장갑을 끼고 잠바까지 입었었다. 머릿속으로 코스를 그렸다. 평소 연습하던 길로 강을 따라 올라가 다리를 건너 방향을 틀어서 돌아오는 것으로 정했다.

핸드폰 온라인 줌에 접속해서 안내에 따랐다. 출발 신호가 울렸다. 허리에 찬 러닝백에 핸드폰을 집어넣었다. 달리기를 시작했다. 서천 강변은 거의 평지에 가까운 길이라 그리 힘들지는 않았다. 평소대로 뛰었다. 한참을 가다 보니 몸에 열이 나기 시작했다. 먼저 장갑을 벗어 주머니에 넣었다.

목표 지점인 서천교까지 이르러서 다리를 건넜다. 다리를 건너자 5km가 지났다는 알림음이 나왔다. 조금 더 속력을 내 내려가자고 다짐하고 계속 달렸다. 달리면서 몸이 점점 더워지기 시작했다. 잠바를 벗어 허리춤에 맸다. 그러고는 계속해서 달려 내려갔다. 골인 지점이 가까워질수록 더욱 힘을 냈다.

　10km 알림음이 울렸다. 핸드폰을 꺼내 런데이 앱의 정지 버튼을 눌렀다. 성공이다. 처음으로 10km 대회를 뛰었던 그날의 기분을 아직도 잊을 수가 없다. 해냈다는 성취감이 가슴 가득 차올랐다. 다 뛰고 나서 힘이 빠진 것이 아니라 오히려 몸이 더욱 생생해졌다. 갑자기 '이대로 한 바퀴만 강변을 더 돌면 하프도 뛸 수 있겠는걸.' 나도 모르게 이런 마음이 들었다.

　그날의 기쁨은 지금도 남아 있다. 어쩌다 그 10km 종료 지점을 지나게 될 때면 아직도 가슴이 두근거린다. 그 지점은 나에게 잊을 수 없는 장소가 되었다. 가로수 우거진 강변길에 저 멀리는 소백산이 능선이 보이는 그곳을, 나는 아직도 좋아한다.

　첫 도전에 성공한 이후 계속해서 대회에 도전하게 되었다. 무엇이든지 처음이 어렵지, 그다음은 그리 어렵지 않다. 여전히 코로나가 계속되었다. 두 번째 마라톤도 현장에서 열릴지 가상으로 진행될지 정해지지 않은 상황에서 접수부터 하고 기다렸다. 결국 두 번째도 가상으로 진행되어 혼자서 강변을 뛰어 완주했다. 그러다 그다음 해부터는 현장에서 마라톤이 시행되었고 나는 계속 도전을 이어오는 중이다.

　아무 일도 하지 않으면 아무 일도 일어나지 않는다. 무엇이 되었든 시도하고 도전을 해봐야 한다. 실패하든 성공하든 결과는 알 수가 없다. 일단 도전하고 나서 어떤 결과든 받아들인다는 마음 자세만 가진다면 어떤 도전도 두렵지 않다.

4

한 걸음씩
나를 넘어서다

10km 대회를 다섯 번 정도 참가하자 더 이상 10km 대회 참가는 의미가 없다는 생각이 들었다. 자연스럽게 다음 목표는 하프 마라톤이 되었고, 손기정 대회에 지원했다. 어떻게 연습해야 할지 구체적으로는 몰랐지만, 하프도 조금씩 거리를 늘려 연습하면 될 거로 생각했다.

10km를 뛰려면 약 한 시간 정도가 걸렸다. 그 거리도 만만치 않은데 하프는 그 거리의 두 배나 되었다. 처음에는 막막했다. 과연 21km나 되는 거리를 내가 뛸 수 있을까 싶었다. 나름 계획은 평일에는 매일 5km 정도 뛰고 주말에는 10km 이상 거리를 조금씩 늘려 보기로 했다.

이번 주말에 12km를 뛰었다면 그다음 주에는 13km, 이렇게 거리를 1km씩 늘여갔다. 그렇게 18km까지 혼자서 연습했다. 아무래도 대회에 나가서 여러 사람과 같이 뛰면 기록이 잘 나온다. 대회의 힘을 믿고 3km는 남겨두고 18km에서 연습을 마무리했다.

한 번은 혼자서 시민 운동장을 돌며 연습할 때다. 트랙을 빙글빙글 도는 것은 강변을 달릴 때와 달랐다. 강변을 뛸 때는 주위 풍경과 지나가는 사람들도 보며 변화가 있지만 트랙은 단순했다. 똑같은 길을 계속해서 빙빙 돈다는 것은 정말이지 여간한 인내심을 가지고는 되지 않는 일이었다.

지루함을 이기지 못해 머릿속에는 온갖 생각들이 스쳐 지나갔다. 결국 못 참고 먼저 노래를 부르기 시작했다.

"길고 길었던 겨울 봄은 오지 않을 줄 알았는데 견뎌내고 나니 어느새 봄이더라."

그 시절 내가 좋아하던 합창곡, 〈인생〉의 한 구절이다. 달리며 그 노래를 작은 목소리로 흥얼거렸다. 괴로웠던 마음이 그나마 조금은 나아지는 듯했다. 노래가 끝나자 다시 지치기 시작했다. 이번에는 아는 사람들을 하나하나 떠올렸다. 친한 친구가 떠올랐다. 문득 지금 뛰면서 그녀에게 전화를 걸어 나 지금 힘들다고 말하고 싶은 충동이 생겼지만 그럴 수는 없었다.

간신히 16km를 채웠다. 운동장 40바퀴를 혼자서 돌았다. 트랙만 반복해서 그렇게 뱅뱅 돌다가는 정신이 어떻게 되는 건 아닌가 하는 생각마저 들었다. 불쑥불쑥 올라오는 '그만두고 싶은 마음'을 끝까지 누르고 목표했던 거리를 다 채우고 나자, 뭐라 말할 수 없는 뿌듯한 감정이 마음 밑바닥에서 밀려왔다. 발목, 발바닥, 종아리 안 아픈 곳이 없었지만, 마음은 봄날 햇살처럼 가볍고 따뜻했다. 참고 달리기를 잘했다 싶었다. 힘들다고 중단했더라면 결코 느껴보지 못할 감정이었다.

대회 전날 딸과 함께 기차를 타고 서울로 갔다. 딸은 10km 코스를 신청했다. 예약해 놓은 숙소에 도착해서 간단히 식사한 후 일찍 잠을 청했다. 다음 날 아침 딸과 함께 일찌감치 숙소를 나왔다. 대회가 열리는 곳까지는 20여 분을 걸어야 했다. 11월 중순 아침 공기가 제법 쌀쌀했다. 딸과 꼭 붙어서 조금 걷자 금세 추위는 사라졌다. 상암 운동장이 다가왔다. 저 멀리 드문드문 짧은 반바지에 형광색 신발을 신고 운동 가방을 어깨에 둘러멘 사람들이 보이기 시작했다. 가슴이 두근거렸다.

딸과 팔짱을 끼고 걸으며 주위를 두리번거렸다. 운동장이 다가올수록 점점 더 많은 사람이 보였다. 그런데, 다들 얼굴이 어려 보이는 거다.

"윤아, 다들 너무 젊은데."

내가 주눅 든 작은 목소리로 말하자 딸이 내 마음을 알아챈 듯 힘주어 말했다.

"엄마, 걱정하지 마세요. 마라톤에 엄마처럼 나이가 많은 사람이 나가는 것이 더 멋지다고요!"

그 말이 어쩐지 위로가 되었다. 갑자기 쪼그라들었던 마음이 펴지는 기분이었다.

운동장은 벌써 많은 사람으로 가득 차 있었다. 흥겨운 음악 소리가 넓은 공간을 메우고 있었다. 준비 운동을 하며 트랙을 도는 사람, 운동화 끈을 매는 사람, 오랜만에 만나 서로 인사를 나누는 사람 등으로 대회장은 북적였다. 딸과 서로 파이팅을 외치고 헤어진 후 나는 하프 코스 출발선에 섰다.

출발을 알리는 총성이 울리자 다들 서서히 발을 떼기 시작했다. 하프 대회는 10km 대회와는 또 달랐다. 달리는 내내 주로 옆으로 구급차가 몇 대나 지나갔는지 모른다. 10km 대회 때는 보지 못했던, '빛나눔'이라고 적힌 빨간색 조끼를 입고 시각 장애인과 손목을 줄로 연결해서 함께 달리는 사람도 보였다. 그 모든 광경이 낯설고 신기했다.

경기 초반에는 무조건 천천히 뛰자고 마음먹고 달리기를 시작했다. 도로 바닥에 큼지막하게 쓰인 '천천히'라는 글자가 눈에 들어왔다. 마음속으로 다시 한번 다짐했다. '그래, 천천히 뛰는 거야.' 중요한 것은 지속하는 것이다. 끝까지 달리기 위해서는 초반에 힘을 빼서는 안 되었다.

반환점을 돌아 16km 지점쯤 왔을 때다. 도저히 발걸음이 떼어지지 않았다. 다리가 마치 나무토막처럼 느껴졌다. 겨우 달리다가 걷다가 도저히 안 되어서 주로 옆으로 비켜섰다. 스트레칭을 했다. 앉았다 일어서기를 반복하고 다리를 쭉쭉 펴고 늘였다. 잠시 그렇게 하자 그나마 굳었던 다리가 조금 풀리는 느낌이 들었다. 다시 뛰기 시작했다. 한결 나았다.

골인 지점이 다가왔다. 언제나 그랬듯이 마지막에는 어금니를 깨물었다. 결승선이 다가오면 항상 비장해졌다. 조금이라도 더 시간을 단축하고 싶은 마음이 간절해졌다. 길게 숨을 들이마시고 내뱉기를 반복하고 있는 힘을 다해 뛰었다. 앞에 가던 몇 사람들을 추월하고 힘차게 나아가 드디어 결승선을 통과했다.

그 순간, 누군가 나의 팔을 붙잡아 끌었다. 고개를 돌려보니 온라인으로 같이 운동하던 영순 님이었다. 깜짝 놀랐다. 영순 님은 나를 결승선 앞에 세워두고 사진을 계속해서 찍었다. 거친 숨을 몰아쉬는 동시에 자꾸만 나오는 웃음을 멈출 수가 없었다. 내가 하프를 뛰었다는 사실을 믿기 어려웠다. 하지만 사실이었다. 그렇게 나는 또 하나의 산을 넘었다.

어려움은 우리를 힘들게 하지만 동시에 우리를 강한 사람으로 만들어준다. 어려움은 단순한 시련이 아니라 자신을 알아가는 기회다. 어려움이 찾아왔을 때 우리는 그것을 뛰어넘으며 더 나아갈 수 있다. 생각보다 우리는 강한 존재다.

5

어느 날 찾아온
행운

올해 2월 말 겨울이 끝나갈 무렵이었다. 아직 두꺼운 패딩을 입을 시기였다. 혼자 연습하고 도전해서 하프 마라톤을 완주하게 된 나는 의기양양해져 있었다. 다음 해 봄 대회를 또 신청했다. 3월에 열리는 동아 마라톤에 무려 풀코스를 겁 없이 신청하고 말았다. 지금이야 그것이 얼마나 무모한 도전이었는지 알게 되었지만, 당시만 해도 그저 어떻게든 될 거라는 막연한 마음만 있었다.

하프 준비 때와 마찬가지로 주말마다 거리를 조금씩 늘이면 될 것 같았다. 준비를 어떻게 해야 하는지 알아보려고 하지도 않고 그저 내 경험 하나만을 믿고 해 나가면 되겠다 생각하고 있었다. 하지만 그럴 상황이 되지 못했다. 아버지가 갑자기 편찮아지셨다. 암 선고를 받았고 내가 아버지를 병원에 모시고 다녀야 하는 상황이었다.

갑작스러운 일상 변화에 훈련을 제대로 할 수 없었다. 매일 달릴 수도 없었고 주말 시간을 내기도 힘들었다. 무엇보다 마음이 편치 않았다. 대회 날짜는 다가오는데 연습량은 오히려 줄어들었다. 점점 마음이 무거워졌다. 이러다가는 포기할 수밖에 없겠다는 생각마저 들었다.

시간이 지나면서 아버지 병은 점점 악화하였다. 완주는 고사하고 참가라도 할 수 있을지 미지수였다. 하프 코스를 뛰어봤으니, 대회에 나가 그보다 1km만 더 뛰어도 괜찮지 않을까? 하는 생각이 들었다. 완주 욕심을 내려놓고 할 수 있는 만큼만 하기로 했다. 무겁던 마음이 조금 편안해졌다.

그렇게 마음을 고쳐먹은 주말 아침이었다. 눈을 뜨자 비가 조금씩 내리고 있었다. 달리기 연습은 못 하겠고 걷기라도 해야겠다 싶어 우산을 들고 일찌감치 집을 나섰다. 봄비가 촉촉이 내리는 강변 풍경을 바라보며 걷자, 우울하던 마음이 한결 밝아졌다. 주말이고 비가 내려서인지 사람이 거의 보이지 않았다. 우산을 받치고 홀로 천천히 걷는 시간이 그렇게 홀가분하고 좋을 수 없었다.

계속 걷다 보니 달리고 싶은 충동이 생겼다. 비가 조금 그치는가 싶더니 눈이 되어 내리기 시작했다. 우산을 들고 뛰었다. 답답하던 속이 조금 풀렸다. 산책로 거의 끝까지 갔다가 되돌아오면서 문득 좋은 생각이 떠올랐다.

시민 운동장으로 향했다. 운동장 안 관중석 아래 처마에는 비를 피할 수 있을 만한 공간이 있었다. 그곳을 달린다면 우산을 들지 않고도 달릴 수 있을 것 같았다. 운동장 입구에 도착하자마자 우산을 접어 한쪽 구석에 던졌다. 그러고는 이어서 계속 달렸다. 생각처럼 어느 정도 비를 피할 수 있었다.

오길 잘했다고 여기며 기분 좋게 달리고 있을 때였다.

"잘 달리시네요!"

어디서 나타났는지 내 옆에서 함께 발을 맞추어 뛰는 사람이 있었다. 고개를 돌려 옆 사람을 쳐다봤다. 그는 자신을 마라톤 동호회 회장이라고 소개했다. 트랙을 한 바퀴 함께 도는 동안 옆에서 계속해서 말을 붙였다. 얼마나 달렸는지 달리기는 언제 시작했는지 등 질문이 이어졌다. 느닷없는 상황에 조금 당황스러웠다. 묻는 말에 건조하게 대답했다.

"저쪽에 있는 분들이 우리 회원들입니다. 저기 흰 모자를 쓴 사람이 사무국장입니다."

고개를 돌려 동문 쪽을 쳐다보자 검은 잠바를 걸친 대여섯 명이 둘러서서 이야기를 나누고 있었다.

"함께 할 수 있으면 좋겠습니다!"

말을 마친 회장이라는 사람은 그들 무리 쪽으로 뛰어갔다. 나는 앞만 보면서 계속해서 뛰었다. 그 사람들이 서 있는 동문 쪽을 지나칠 때는 왠지 쑥스러워 속도를 더 높였다.

오래전 어디선가 마라톤 동호회 회원 모집 광고를 본 적이 있다. 아주 잠깐 동호회에 한 번 들어볼까 싶은 생각이 들었지만 금세 그 생각은 지워 버렸다. 어딘가에 소속된다는 것이 부담스러웠다. 달리기를 혼자 하면 되지 뭘 같이하나 싶기도 했었다.

계속해서 트랙을 돌면서 이상하게도 '한 번 가입해 볼까?' 하는 마음이 고개를 들었다. 운동장을 돌면 돌수록 그 생각이 강해졌다. 달리기를 멈추고 그들에게 다가가 말할까 말까 망설이다가 어느 순간 마음을 먹고 그들이 있는 쪽을 보았다. 그들이 서 있던 자리는 횅했다. 어느새 떠나버렸는지 그 자리에는 아무도 없었다. 허탈한 심정으로 그저 계속해서 트랙을 돌 수밖에 없었다.

며칠 뒤, 시민 운동장 내에 있는 헬스장에 갔다가 트레이너를 만나 얼마 전 있었던 일을 이야기했다. 그러자 자신이 마라톤 동호회에 잘 아는 사람이 있고 연락을 해 본다고 했다. 그렇게 해서 연락처를 받았다.

막상 연락처를 알아도 고민되었다. 동호회 가입을 하는 것이 과연 잘하는 일인지 아닌지 확신이 서지 않았다. 지금 상황과 처지를 생각해 보면 새로운 뭔가를 할 상황이 아니었다. 며칠 고민 끝에 결국 가입하기로 마음먹었다. 어찌 될지 모르지만 한 번 부딪쳐 보기로 했다. 그렇게 해서 창단된 지 이십 년이 넘은 영주 마라톤 동호회에 가입하게 되었다.

우연한 만남이 기회로 이어졌고 그 기회를 잡을 수 있었다. 새로운 만남이 두려워 계속 혼자만 뛰었다면 어떻게 되었을까. 아마도 더 이상의 발전을 기대하기는 어려웠을 것이다. 발전할 수도 있었겠지만 아마도 더 오랜 시간과 노력이 필요했을 터다. 그러니 기회가 올 때는 망설이지 말고 잡자. 주저하고 망설이며 뛰어들지 못한 적이 많다. 사람은 죽음을 맞이하게 될 때, 잘못한 일을 후회하기보다 하지 못한 일을 아쉬워한다고 한다. 하고 싶은 일이 있다면 조금만 용기를 내보자. 조금만 용기를 내면 훨씬 많은 발전과 성장의 기회를 만날 수 있다.

적절한 시기에 새로운 사람들을 만나 성장했다. 그날 우연히 그들을 만난 것에 감사하다. 무엇보다 조금 두렵긴 했지만, 마음을 열고 동호회에 문을 두드린 일은 지나고 보니 잘한 일이었다. 어떤 일이든 용기 내 도전해 볼 필요가 있다. 그날 난 생각지도 못한 행운을 만났다.

> 호흡을 고르는 문장
>
> "원하는 것이 있다면, 그곳을 향해 걸어가자.
> 망설이지 말고 용기 내어 손을 뻗어보자. 바로 그 순간, 길이 열린다."

6

멈췄지만,
멈추지 않았다

 어떤 일이든 하다 보면 힘든 시점이 있기 마련이다. 힘들어도 참고 끝까지 해내는 것이 마땅하다. 포기하면 그대로 끝이지만 어려움을 극복하고 나면 그 일이 더 이상 어렵게 느껴지지 않는다.

 마라톤 동호회에서는 일요일 오전마다 단체 훈련을 했다. 훈련 장소는 다양했다. 5월 어느 날 단톡방에 공지가 떴다. '이번 주 훈련은 연화산에서 실시합니다.' 연화산은 집 근처에 있는 그리 높지 않은 산이다. 가깝기는 해도 살면서 몇 번 올라가 보지 않았다.
 아이들이 초등학교 다닐 무렵 여름 방학 숙제로 부모님과 함께 등산하기가 있었다. 뜨거운 여름 어느 날 남편 없이 아이 둘을 데리고 산에 올라갔다. 작은 배낭에 물만 간단히 챙겨서 막연히 쉬울 거로 생각하고 오르기 시작했지만, 그 생각은 오산이었다. 가도 가도 끝이 없었다. 아이들과 땀을 뻘뻘 흘려가며 간신히 산 정상에 오를 수 있었다. 잠깐 쉬었다가 다시 돌아오는 길 역시 힘들어서 기진맥진했던 기억이 있다.

그 산을 오른다고 했다. 산행하는 것이 아니라 훈련한다고 했다. 뛰어간다는 말이었다. 걸어가기도 어려운 산을 어떻게 뛴다는 말인지, 연화산을 과연 뛸 수 있을지 걱정부터 앞섰다.

반바지에 티셔츠를 입고 모자를 썼다. 장갑을 끼면 좋다는 말을 듣고 하얀 면장갑도 꼈다. 회원들을 따라 출발했다. 시민 운동장에서부터 약 2km 정도 평지를 뛰어가서 산 초입에 도착했다.

비탈진 산길을 오르기 시작했다. 우거진 숲 사이로 계단도 나오고 울퉁불퉁한 돌길도 나왔다. 얼마 가지 않아 바로 호흡이 가빠지고 다리가 아팠다. 앞과 뒤로 무리 사이에 끼어 있어서 힘들다고 멈출 수 없었다. 땀을 장갑 낀 손으로 연신 닦아가며 부지런히 회원들 뒤를 쫓아갔다.

길이 끝없이 계속되었다. 종아리가 당기고 발바닥도 아프기 시작했다. 등산화가 아닌 집에서 몇 년째 신던 낡은 운동화를 신고 있었다. 시간이 지나면서 발바닥에서 마치 불이 나는 것 같았다. 좁은 등산로를 따라 한참을 올라가서야 겨우 정상에 도착할 수 있었고 정상에서 쉬는 시간 따위는 없었다. 바로 돌아서 내려가기 시작했다. 내려올 때는 발이 앞으로 밀려 발바닥이 더욱 따가웠다.

산을 다 내려오자, 무섬마을 쪽으로 방향을 틀어 이번에는 아스팔트 길을 달리기 시작했다. 햇볕이 내리쬐고 있었다. 얼굴은 시뻘게지고 다리는 후들거리고 숨은 가빴다. 갈증까지 더해졌다. 그나마 회원 한 명이 내 페이스에 맞추어 조금 속도를 늦추어 같이 뛰어주었다. 반환점을 돌아 시민 운동장으로 다시 돌아가는 길이었다. 발바닥이 계속해서 후끈거리고 따가웠다. 도저히 참을 수 없었다. 갑자기 발걸음을 멈췄다.

"더 이상 못 뛰겠어요."

흰 장갑을 벗고 손목에 찼던 스포츠 시계의 정지 버튼을 눌렀다. 조금 앞서가던 회원이 뒤를 돌아보더니 내 쪽으로 다가왔다.

"이제 1km밖에 남지 않았어요. 천천히라도 끝까지 뛰어요. 내가 더 천천히 뛸 테니까."

그 말이 귀에 들어오지 않았다. 나는 그 자리에 멈춰 서서 꼼짝도 안 하고 고개를 푹 숙인 채 말없이 땅만 쳐다봤다. 눈물이 발등 위로 툭 떨어졌다. 잠시 정적이 흘렀다.

"그러면 저 앞 다리까지라도 뜁시다."

"아…."

고개를 떨구고 있던 나는 벗었던 장갑을 다시 끼고 시계의 재시작 버튼을 누른 후 뛰기 시작했다. 발바닥은 여전히 아팠다. 목도 여전히 말랐고 햇볕은 더 뜨겁게 느껴졌다. 잠시 멈추었었지만, 다시 뛰었다. 앞의 회원과 조금 거리를 두고 계속해서 따라갔다. 다리를 통과했지만 멈추지 않았다. 계속 달리다 보니 어느새 처음 출발 장소인 시민 운동장까지 왔다. 운동장을 들어서자 미리 도착해서 벤치에 앉아 쉬고 있던 회원들이 나를 보자 일제히 손뼉을 쳤다. 그날 총 15km를 달렸다.

집에 돌아와 신발을 벗었다. 왼쪽 발바닥에 하얀 물집이 생겼다. 엄지발가락이 빨갛게 부어있었고 쓰라렸다. 다음 날 엄지발톱의 색깔이 변했다. 처음 푸르스름하던 발톱이 나중에는 보랏빛으로 변했다. 시간이 더 지나자 까맣게 되었다. 며칠 지나 발톱이 덜렁덜렁하더니 결국 이 주일쯤 지나자, 발톱이 빠졌다. 빠진 발톱 아래로는 하얀 새 발톱이 돋아나고 있었.

그 이후 다음번 훈련에서는 오른 발톱이 또 비슷한 과정을 거쳤다. 오른 발톱은 빠지지는 않았지만, 변색한 채로 계속 있다. 여름철 어디 가서 맨발을 내놓기가 좀 민망스러웠다.

산을 오른 것도, 끝까지 달린 것도 다 할 수 있는 일이었다. 시간이 지나자 모두 추억으로 남았다. 처음 그렇게 산을 오른 이후로 오르막과 내리막이 있는 코스 연습을 자주 했다. 여름 어느 날에는 죽령 고개도 올라가 봤다. 어디든 어렵지 않은 코스는 없었다. 처음에 어렵게 느껴져도 연습을 하면 할수록 언덕 훈련에 조금씩 재미가 붙었다.

올여름 영덕 해변 마라톤에 나간 적이 있다. 해안가 도로를 달리는 코스에는 오르막과 내리막이 반복되는 구간이 있었다. 언덕 연습을 많이 한 덕분에 그 코스가 그다지 어렵지 않았다. 많은 사람이 언덕에서 헉헉거리며 속도를 늦추고 걷고 있을 때 나는 비교적 쉽게, 걷지 않고 뛰어갈 수 있었다. 모두가 언덕 훈련 덕분이다.

 훈련을 통해 하나씩 배우고 극복해 나간다. 이젠 어떤 어려운 일이 있더라도 하나씩 연습하고 노력하면 할 수 있을 거라는 자신감이 생긴다.

7

빗속에서
용기를 내다

   빗소리에 잠이 깼다. 새벽 3시. 더 자야 했다. 이렇게 일찍 일어나서는 안 되었다. 눈을 감았지만 잠이 오지 않았다. 창밖에서는 비 내리는 소리가 들렸다. 요즘은 새벽 일찍 눈을 뜨는 일이 잦다.

   일요일 아침 인근 지역 문수 근처에서 짧은 언덕 코스 훈련이 예정되어 있었다. 한 번도 가본 적 없는 곳이다. 잔뜩 기대하고 그날을 기다렸다. 비는 그칠 기미가 보이지 않았다. 일기예보를 확인하니 오후까지 비 소식이 이어졌다. 심란한 마음으로 계속해서 동호회 단톡방을 확인하고 있었다.

   '우중에도 훈련합니다.'

   순간, 눈이 번쩍 뜨였다. 재빠르게 운동복으로 갈아입고 모자를 쓰고 스포츠 시계를 찼다. 운동화를 신고 핸드폰과 차 키를 챙겨 밖으로 나갔다. 가느다란 비가 내리고 있었다. 차를 몰고 시민 운동장으로 가는 길, 도로 바닥은 이미 빗물에 젖어 번들거렸다. 와이퍼를 켜고 빗속을 헤쳐 운동장 동문 쪽에 도착했다.

주차장에는 차가 한 대도 보이지 않았다. 비 오는 일요일 오전 7시 차가 있을 리 없었다. 우산을 가지고 차에서 내려 운동장 안으로 걸어 들어갔다. 운동장 또한 텅 비어있었다. 초록 잔디가 비를 맞아 더욱 짙게 보였다.

동호회에서 나는 초보였다. 동호회에는 다들 달리기를 잘하는 고수들이 수두룩했다. 실력 차가 커서 함께 출발하면 그들을 따라갈 수 없었다. 그래서 장거리 연습을 할 때면 늘 30분 먼저 출발했다. 이날도 단톡방에 미리 출발한다고 남기고 홀로 뛰기 시작했다.

비가 간간이 내렸기에 뛰는 데 크게 지장은 없었다. 옷이 조금씩 젖기 시작했다. 챙 모자가 있어 그나마 빗물을 가려 주었다. 새삼 모자가 햇빛을 가리는 용도 외에 빗물을 가릴 수도 있구나 싶었다.

신발이 조금씩 빗물에 젖기 시작했다. 도로에 파인 웅덩이를 건널 때는 물이 튀었다. 불편할 것 같은 이 모든 상황이 나는 재미있기만 했다. 비가 와도 뛴다는 사실이 마냥 좋았다. 아니 비가 와서 더 좋았다. 한여름 땡볕 아래서 뛸 땐 땀이 줄줄 흘렀지만, 이날은 시원하고 상쾌했다.

약 4km쯤 뛰어 무섬마을 쪽으로 향하고 있을 때, 뒤에서 검은색 승용차가 다가왔다. 길 가장자리로 몸을 붙여 뛰고 있던 내 옆으로 차가 속도를 줄이며 창문을 내렸다. 회장이었다.

"아니 정미 씨, 비가 오는데 왜 위험하게 여기서 뛰는 것에요. 운동장에서 뛰어야지!"

< 제3장 > 나를 믿는 근육을 키우다

순간, 아차 싶었다. '우중 훈련'이라는 말이 운동장에서 뛴다는 의미였다. 핸드폰을 차에 두고 이미 출발해 버린 나에게 회장은 연락할 길이 없어 차를 몰고 직접 찾으러 온 것이었다.

"조심해서 뛸게요."

이미 많이 왔기에 되돌아가기엔 아쉬웠다. 뛰는 속도를 줄이고 고개를 돌려 차를 향해 말했다. 그러고는 계속해서 뛰었다. 회장은 차 창문을 스르르 올리고는 앞으로 갔다. 얼마간 가서 공터가 나타나자, 차를 돌려 내 쪽으로 다시 왔다.

"아무튼 조심하세요!"

창문을 내려 걱정스러운 눈빛으로 조심하라는 말을 던지고 회장은 다시 창문을 올리고 떠났다. 미안한 마음이 들었지만 어쩔 수 없었.

가는 길에 다행히 선배 한 명을 만날 수 있다. 선배와 함께 계속해서 뛰었다. 한참을 뛰다가 갈림길이 나왔다. 바로 돌아가는 길과 언덕을 넘어가는 길이 있었다. 선배는 나에게 어디로 가고 싶은지 물었다. 당연히 오늘 훈련 예정대로 한 번도 가본 적이 없는 언덕을 통해 가고 싶었다. 그쪽으로 가자고 했다. 선배는 길을 안내했다.

약 15km를 정도 뛰었을 무렵 갑자기 왼쪽 발목이 시큰거리며 아파져 오기 시작했다. 당황스러웠다. 뛰면서 발목이 아픈 적은 처음이었다. 선배는 30m쯤 앞에서 뛰어가고 있었다. 뒤쫓아가면서 아프다고 말할 수가 없었다. 속으로 '제발 아프지 말라'고 되뇌었다. 몸은 이미 비에 젖어 축축했고 왼쪽 발목의 통증은 점점 심해 오고 체력은 바닥났다. 길은 계속 오르막이 이어졌다. 눈물이 흘렀다.

어떻게든 앞의 선배를 놓치지 않으려고 안간힘을 썼다. 발목 통증이 점점 심해졌다. '나는 도대체 왜 이러고 있을까?'라는 생각이 끊임없이 머릿속을 휘저었다.

마음을 가라앉혀야만 했다. 내가 선택한 일이고 끝까지 해내야 했다. 속으로 주문을 외었다. '발목아, 아프지 말라, 아프지 마라.' 한참 속으로 되뇌며 가다 보니 신기하게도 더 이상 발목이 아프지 않았다. 약간 자세를 달리해서인지 모르겠지만 통증이 어느 순간 자연스럽게 사라졌다.

그렇게 언덕을 지나고 운동장이 가까워졌다. 여전히 비는 내리고 있었지만, 더 이상 힘들다는 생각이 들지 않았다. 드디어 운동장에 들어섰다. 땀과 눈물과 비로 젖은 얼굴 위로 시원한 바람이 스쳤다. 그날 나는 총 26km를 뛰었다. 2시간 40분 동안. 처음 간 낯선 언덕 코스를, 아픈 발목을 달래며 완주했다. 사고 없이 무사히 훈련을 마친 것에 감사했다.

비가 와도 아무 상관 없었다. 목표했던 바를 이루었고, 내 한계를 조금 더 넓혔다. 살다 보면 맑은 날만 계속되지 않는다. 흐린 날도, 폭우가 쏟아지는 날도 있다. 그런 날엔 그냥 멈춰버리고 싶을 때도 있다. 하지만 하기로 한 일을 포기하지 않고 해낸다면, 그 경험은 반드시 나를 더 강하게 만든다. 비 오는 날 달린 오늘처럼.

8

나를 밀어준
힘

    6월 마지막 주 일요일 영덕 해변 마라톤 대회가 있었다. '해변'이라는 말만 들어도 벌써 설레었다. 하프 코스를 신청하고 대회 날을 기다렸다. 영덕까지는 동호회에서 단체 버스를 타고 가기로 했다. 참가자가 많았다. 여름 바닷가에서 열리는 대회라 가족들과 함께 참가하는 사람도 있었다.

    새벽 5시 30분 전날 미리 싸둔 가방을 들고 집결지인 시민 회관으로 향했다. 비가 약간 내리고 있었다. 아직 캄캄한 새벽, 도착하자 벌써 버스가 서 있었다. 얼른 주차하고 버스에 올랐다. 기사님께 인사를 하고 버스 안을 살피자, 아무도 보이지 않았다. 아직 시간이 일렀다.

    운전석에서 서너 칸 떨어진 창가에 자리를 잡고 앉았다. 창밖은 여전히 어둠에 잠겨 있었고 졸음이 몰려왔다. 눈을 감으려는 찰나에 익숙한 목소리가 들려왔다.

    "여기 앉아도 돼?"

    현숙 언니였다. 반가운 마음에 얼른 앉으라고 자리를 권했다. 예순을 훌쩍 넘긴 언니는 과거 수십 번의 풀코스를 완주한 베테랑 러너였다. 몇 년 전 큰 교통사고를 겪고 지금은 조금씩만 뛰고 있지만 오늘도 하프에 출전한다.

사람들이 하나둘 버스에 올라 어느새 자리가 거의 찼다. 회장님이 마이크를 잡고 인사말을 건넸다. 비가 약간 오고 있으니 어떻게든 '안전한 달리기'를 당부했다. 이어서 사무국장이 떡과 음료수를 하나씩 앞에서부터 차례로 돌렸다. 영양 떡을 받아 들고 앞 좌석 뒤 그물망 안에 넣어 두었다. 아직은 입맛이 돌지 않았다.

현숙 언니와 이런저런 이야기를 주고받는 사이에 버스는 어느새 영덕에 도착했다. 바깥은 훤히 밝아 있었다. 이번이 두 번째 하프 마라톤 대회였다. 설레는 마음과 긴장이 교차했다. 처음 무작정 뛰었던 작년 손기정 마라톤 대회 때와는 달리 이번에는 몇 달간 꼼꼼하게 준비했다.

동호회 훈련부장이 짜주는 프로그램대로 운동을 했다. 달리기를 잘하기 위해서는 운동만 해야 하는 것이 아니라 그에 못지않게 식단 조절과 휴식을 취해야 한다는 이야기를 누누이 들었다. 영양가 있는 음식을 먹고 충분히 쉬고, 또 숙면하려고 노력했다.

신발을 갈아신고 운동화 끈을 꽉 묶었다. 만에 하나 신발 끈이 풀려서 넘어지는 일이 발생하기라도 한다면 곤란하다. 파워젤(미네랄 보충제)을 바지 주머니에 챙겨 넣었다. 10km 정도 거리야 그냥 뛰어도 되지만 하프는 거리가 21km로 꽤 긴 거리였다. 두 시간 이상을 뛰자면 보충제가 필요했다.

현숙 언니와 함께 주무대 쪽으로 갔다. 사람들이 이미 모여 준비 운동을 하고 있었다. 뒤따라온 훈련부장이 우리를 세워두고 사진을 찍어주었다. 사람들 무리에 서서 출발을 기다렸다. 출발을 알리는 총성이 들리자, 사람들은 조금씩 움직이기 시작했다.

비가 살살 내리고 있었다. 달리기에는 오히려 좋은 날씨였다. 그렇다 해도 몇 m만 뛰어도 땀이 났다. 이마에 흐르는 땀을 닦아가며 달렸다. 초반에 무리하지 않는 것이 중요했다. 대회에서 중요한 건 자기 페이스를 잃지 않는 것이다. 자칫 분위기에 휩쓸려 페이스를 잃어버리면 달리는 내내 힘들고 결국 목표하는 기록도 달성할 수 없다. 신중하게 앞으로 나아갔다.

얼마쯤 달리자, 해변이 나타났다. 구름이 낀 흐린 날씨였다. 해변의 하늘도, 파도도 모두 회색빛이었다. 그래도 바다는 바다였다. 넘실거리는 파도를 보자 나도 모르게 입에서 '아'하는 탄성이 튀어나왔다. 해변을 달리게 될 줄은 꿈에도 생각하지 못하던 일이다.

코끝으로 바닷가 고유의 약간 비릿한 냄새가 풍겨왔다. 바다 풍경과 바다 냄새에 해변을 뛰고 있다는 사실을 더욱 실감할 수 있었다. 직선 도로가 한참 지속되더니 언덕길이 나타났다. 여름 동안 언덕 훈련을 많이 했기에 언덕을 오르는 것이 그다지 어렵지 않았다. 앞에는 벌써 언덕길이 힘겨워 걷는 사람이 보였다. 하나 같이 고개를 푹 숙이고 양손으로 허리춤을 잡고 죽겠다는 표정을 하고 있었다. 땀에 젖은 머리칼과 옷도 대부분 비슷했다. 나는 언덕길이 별로 힘들게 느껴지지 않았다. 사람들을 하나둘 추월해서 나아갔다.

　반환점을 돌았다. 이제 조금만 더 페이스를 올려서 뛰어야 할 차례였다. 힘을 내기 시작했다. 그러나 이미 에너지를 많이 써버려서인지 몸이 말을 듣지 않았다. 그래도 뛰어야 한다는 생각에 온 힘을 쥐어짜며 뛰었다. 다시 지나왔던 언덕길과 도로를 지나기를 반복했다. 점점 다리가 무거워졌다. 힘겹게 앞사람을 따라갔다.

　이제 조금만 뛰어도 된다고 생각했지만 다리는 이미 굳어지고 한 걸음 한 걸음 떼는 것조차 힘겹게 느껴졌다. 설상가상으로 흐렸던 하늘이 맑아지기 시작했다. 해를 가리던 구름이 걷히고 해가 쨍하고 모습을 드러냈다. 햇빛이 쏟아지자 지친 몸은 더 무거워졌다. 뜨거운 햇살에 머리가 찌근거릴 정도였다.

　도무지 더는 못 뛰겠다는 생각이 들 무렵, 문득 한 생각이 떠올랐다. '독자들'. 책이 출간된 이후 나에게도 독자가 생겼다. 친구들과 이웃 말고도 인터넷 서평에서 내 책을 읽었다는 사람들이 있었다. 책을 읽고 운동을 시작했다는 사람, 도움이 되었고 삶의 활력을 되찾고 싶다는 이도 있었다. 그들을 떠올리자 갑자기 힘이 솟았다.

　다리에 힘이 들어가고 더욱 빠르게 달리기 시작했다. 나도 모르게 팔을 세차게 흔들며 뛰었다. 머릿속에 계속 그들이 생각났다. 내 책을 읽고 나를 아는 분들. 그들을 위해서라도 나는 힘을 내야 했다. 절망하고 꺾이는 모습이 아니라 힘들어도 참고 견디며 나아가는 모습, 그런 모습을 보여주고 싶었고 그렇게 해야 한다는 마음이 강렬하게 들었다.

　지루하던 직선 다리 길을 얼마나 세차게 달렸는지 모른다. 나도 모르게 어떤 초인적인 힘이 만들어지는 것 같았다. 힘차게 뛰어 그 지루하던 직선 주로를 지나고 드디어 저 멀리 골인 지점이 보였다. 더욱 힘을 냈다. 결승선을 통과했다. 2시간 6분 19초. 첫 하프를 뛰었을 때 기록보다 10분 가까이 단축했다.

　몇 달이 지난 지금도 그 순간이 가끔 떠오른다. 가장 힘들고 지친 순간 가족과 이웃 그리고 주변 사람들을 떠올리며 힘을 낼 수 있었다. 지치고 힘든 일상에서도 우리가 살아갈 수 있는 건 어쩌면 주변에 소중한 사람들이 있어서인지도 모르겠다. 그들을 위해 힘을 내고 그들 덕분에 힘을 얻으며 살아간다.

> 호흡을 고르는 문장

"힘겨운 순간이 찾아올 때면, 사랑하는 사람을 떠올려 보자.
그들은 내가 버틸 수 있는 이유이자, 다시 일어서는 힘이다."

50대, 멈추는 법을 배우다

< 제4장 >

달리기로 견디고, 살아낸 날들

날씨, 계절 상관없었다.
매일 반복되는 연습으로 나는 점점 강해졌다.

1

10분이 쌓여
두 시간이 되다

올해 세 번 하프 마라톤 대회에 참가했다. 6월에 영덕 해변 마라톤 2시간 6분 19초, 9월에 울진 마라톤 2시간 1분 25초, 같은 달에 봉화 마라톤 1시간 57분 41초. 대회에 참가할수록 몇 분씩 기록을 당겼다. 이제 두 시간 정도는 쉬지 않고 뛸 수 있는 체력을 갖게 되었다.

4년 전 하루 10분 달리기를 시작했다. 처음에는 연신 시계를 들여다보며 숨이 곧 넘어갈 듯 아무리 뛰어도 10분을 채울 수 없었다. 포기하지 않고 다음 날도, 또 그다음 날도 계속해서 집 밖으로 나가 달리자 차츰 달릴 수 있는 시간이 늘어났다.

작은 성공이 쌓여 제법 큰 성취를 이루게 되었다. 시작은 10분이었다. 고작 10분으로 시작했지만, 지금은 하프 마라톤을 뛰었다고 하면 사람들이 부럽다고 말한다. 무엇이든 오래 꾸준히 한다면 불가능하게 여겨지던 일들도 가능해진다는 사실을 알게 되었다.

과거 나는 무엇 하나 진득하게 하는 일이 없었다. 조금만 어려운 일이 닥치면 하던 일을 그만두었다. 시험공부도 그랬고 직장 생활도 그랬다. 집중하지 않았고 꾸준히 하지도 않았다. 어떤 일이든 시작만 했지 지속하지 않으니, 성과를 거둘 수 없는 건 당연했다.

달리기를 하면서 '지속성'에 대해 배웠다. 달리며 힘든 순간, 그만두고 싶은 순간이 수없이 찾아왔다. 하지만 그 순간을 참고 하던 일을 계속해 나간다면 달콤한 결과를 얻을 수 있다는 사실을 알았다.

무슨 일을 하든지 일정하게 하는 것이 중요하다. 그래야 몸이 알아서 반응하고 저항감을 느끼지 않고 자연스럽게 될 수 있다. 몇 년 전 운동을 한창 할 때에는 매일 새벽 집을 나섰다. 이것이 몇 개월 반복되자 눈만 뜨면 자동으로 나가게 되었다. 안 나가는 것이 뭔가 어색하게 느껴질 정도가 되었다.

매일 반복하면 그 일은 점점 더 쉬워진다. 쉬워지다가도 하루라도 안 하게 되는 날에는 몸이 다시 예전 안 하려던 습성으로 돌아가려고 한다. 무엇이 되었든 원하는 일이 있다면 거르지 말고 매일 반복하는 것이 중요하다.

두 번째 책 초고를 쓰는 중이다. 종일 집에 있으면서 책상 앞에 앉지 않았다. 괜히 청소하고 빨래를 하는가 하면 쓸데없이 책상 정리도 했다. 노트북을 펼치고 키보드 위에 손을 얹는 일이 자꾸만 어렵게 느껴졌다. 지난달 호주 여행 일주일 다녀온 것이 영향이 크다. 일주일간 글 쓰는 행위를 하지 않았더니 다시 글을 쓰기가 힘들어졌다.

 슬그머니 두 번째 책은 포기할지 하는 마음이 올라왔다. 안 되겠다 싶어 무조건 책상 앞에 앉았다. 그리고 지금 이 글을 쓰는 중이다. 달리기하는 것도, 책을 쓰는 것도 매일 반복 될 때 그 일은 쉽고 만만해진다. 조금이라도 멈추면 다시 하기는 힘들어진다. 그래서 매일 습관이 중요하고 반복이 중요하다.

 어제는 마라톤 동호회 사람들과 선달산이라는 곳에 산행을 다녀왔다. 처음 들어보는 산이었다. 사람들이 잘 다니지 않는 곳이었다. 늦가을이라 낙엽이 바닥에 수북해서 길이 잘 보이지 않았다. 더구나 경사가 어찌나 심하던지 올라가는 길이 여간 힘든 것이 아니었다.

 7km 정도를 올라갔다. 거기서 멈출 수도 있고 정상까지 올라갈 수도 있었다. 정상까지는 300m가 더 남아 있었다. 이왕이면 정상을 밟고 싶었다. 잠시 쉬었다가 다시 오르기 시작했다. 숨이 차고 다리가 후들거렸다. 낙엽에 몇 번 미끄러지기도 했다. 한 발 한 발 오르는 게 쉽지 않았다.

 겨우 정상에 닿았다. 정상 비석 옆에 서서 사진을 찍고 땀도 닦고 가져간 물도 마셨다. 잠시 서 있자 시원한 바람이 불어왔다. 올라올 때의 고통이 바람에 모두 씻겨 내려가는 듯했다. 언제나 그랬듯이 고통은 잠시다. 산 정상을 다녀올 수 있는 것도 작은 한 걸음이 한 걸음이 모여서다. 단숨에 산 정상에 올라가는 방법은 없다.

내려오는 길에서 힘은 올라갈 때보다 훨씬 덜 들었지만, 위험은 몇 배나 더했다. 늦가을이라 나무들이 잎을 거의 떨구었다. 떨어진 낙엽들이 길에 수북이 쌓여 길이 잘 보이지 않았다. 돌이 많고 울퉁불퉁한 길이라 자칫 발을 잘못 디디면 넘어지거나 다칠 수 있었다. 낙엽이 미끄러워 몇 번이나 엉덩방아를 찧기도 했다. 튀어나온 나뭇가지에 발이 걸려 넘어지기도 하며 간신히 내려왔다.

조심하며 정상에서 내려오고 나서 시계를 봤다. 오후 1시가 넘었다. 오전 10시에 출발해서 그사이 세 시간이 훌쩍 지나 있었다. 힘들기는 했지만, 시간을 잊을 정도로 산행했다는 사실이 의외였다. 이제 몇 시간쯤이야 아무것도 아니게 버틸 수 있게 되었다.

다음 날 크게 피로감을 느끼지 못하고 다리도 허벅지 부분이 약간 뻐근할 뿐 아무 이상이 없다. 예전에는 산에 한 번 다녀오면 일주일을 앓아눕고는 했다. 지금은 거의 아무렇지도 않다. 꾸준히 운동한 덕분이다.

무엇이든 반복이고 연습이다. 어떤 일이든 조금 하다가 그만두면 이룰 수 있는 것은 아무것도 없다. 어떠한 상황이 와도 그 일을 지속하고 반복할 때 우리는 성과라는 것을 손에 쥘 수 있다. 작은 한 걸음을 소홀히 여기지 말자. 그 작은 한걸음이 모여 언젠가는 우리가 꿈꾸는 정상에 닿게 해준다.

2

스트레스 없이
성장하는 법

　오늘에 집중하면 앞으로 나아갈 수 있다. 자꾸만 과거를 들여다보면서 지나간 일을 후회하는 것은 소용없다. 지나간 날은 단 한 순간도 돌이킬 수 없다. 미래를 걱정하는 습성도 버려야 한다. 아직 오지 않은 미래에 대해 걱정하고 염려하는 것은 자신에게 조금도 도움이 되지 않는다. 먼 미래를 지금 당장 어찌할 수 없기 때문이다. 내 힘으로 통제할 수 있는 것은 오직 오늘 바로 지금뿐이다.

　과거를 늘 후회하고 한탄하는 습성이 있었다. 젊은 시절 원하는 대로 취업을 제대로 못 했다. 주변 친구들과 비교하며 나 자신은 실패자, 패배자라는 생각이 항상 머릿속에 자리 잡고 있었다. 무슨 일을 하든 주눅 들었고 자신이 없었다.
　이십 대 시절 대학을 졸업하고 공무원 시험을 준비했다. 함께 공부했던 친구들은 대부분 빠르면 몇 개월에서부터 늦으면 몇 년 정도 걸려서라도 대부분 시험에 합격했다. 합격한 친구들은 타지로 떠나거나 지방에서 공무원으로 일했다. 나는 몇 년간 공부했지만 결국 시험에 합격하지 못했다.

서류 뗄 일이 있어 시청에 가야 할 때면 마음이 무거웠다. 공무원이 되어 근무하고 있는 친구 또는 지인을 만나는 것이 불편했다. 어쩔 수 없이 가야 할 때면 얼른 볼일만 보고 서둘러 나왔다. 혹시라도 친구와 마주치는 게 싫었다. 이제는 그 친구들과 하나둘 연락도 끊겼다.

취업 실패는 내 자존감에 상처를 남겼다. 모든 일에 자신이 없었다. 왜 나는 이 모양이냐는 생각을 많이 하고 살았다. 당당하지 못하고 늘 어깨가 움츠러들었다. 단지 취업에 실패했을 뿐인데 그 사실을 확대해석해서 자신을 스스로 못살게 굴었다.

자꾸만 나를 인정하지 않았다. 무엇을 시도하기가 겁났고, 한다고 하더라도 잘 될지 하는 의심이 많았다. 모든 일이 조심스러웠다. 습관적으로 부정적인 생각을 많이 했다. 자신감이 떨어졌다. 더 잘할 수 있었던 일도 이정도면 됐다며 선을 그었다.

강사 생활만 하다가 직접 학원을 운영해 볼 기회가 있었다. 하지만 임대할 건물을 알아보다가 그만두었다. 도저히 해 나갈 자신이 없어서였다. 아이들 어릴 적 독서 관련 자격증을 따서 독서 논술 선생님이 되려고 한 적도 있다. 자격증을 어렵게 따고 1박 2일 연수까지 받았지만 딱 거기까지만이었다. 새로운 시도를 할 엄두가 나지 않았다. 혹시 잘 못 하면 어쩌나 하는 걱정이 또 앞섰다.

  5년 전 달리기를 시작했다. 코로나로 모두가 움츠러들던 시기, 나는 오십을 맞았다. 매일 밖으로 나가 운동을 하고 나면 작은 성취감이 생겼다. 해야 할 일을 이른 아침에 해내고 나면 어쩐지 그날 하루는 성공한 기분이 들었다. 그 감정이 하루를 기분 좋게 만들어주었다.

  부정적인 생각이 조금씩 사라지면서 이전까지 한 번도 느껴보지 못한 나에 대한 좋은 감정이 싹트기 시작했다. 걱정과 근심이 줄었다. 오늘 내가 정한 분량의 운동을 해내고 나면 내일도 잘하고 싶은 마음이 생겼다. 어쩌다 운동을 못 하게 된 날도 있었지만 크게 조바심 나지 않았다. 다음 날 조금 더 하면 되지 뭐라고 가볍게 생각하게 되었다. 앞으로 어떻게 하겠다는 큰 기대나 각오 같은 것은 없었다. 그저 오늘 운동에 집중했다.

  오늘만 생각하며 하루하루 집중하자 실력이 차곡차곡 쌓이기 시작했다. 10분도 뛰기 힘들다가 차츰 달릴 수 있는 시간이 늘어났다. 30분을 뛸 수 있게 되었고 한 시간까지 뛸 수 있게 되었다. 그저 매일 반복했을 뿐인데 두 시간 이상 달릴 수 있게 되었고 지금은 풀코스 마라톤 대회를 준비하고 있다. 예전의 나와는 비교할 수 없을 만큼 달라졌다.

  중요한 건 '잘해야 한다.'라는 강박이 없었다. 나 자신을 평가하지 않았고 그냥 했다. 물론 때로 하기 싫은 날이 있었고 남들보다 나는 왜 실력이 늘

< 제4장 >   달리기로 견디고, 살아낸 날들

지 않을까? 하는 조바심이 드는 날도 있었다. 그런 날은 그런 날대로 지나 갔다. 연연하지는 않았다. 며칠 쉬고 나면 또 아무렇지도 않게 운동화 끈을 묶고 밖으로 나갔다. 스펀지가 천천히 물을 흡수하듯, 나의 부정적인 마음도 서서히 긍정으로 채워졌다.

과거가 어떠했든 현재부터 우리는 바뀔 수 있다. 과거를 생각하면 물론 마음 아프고 아련하다. 실패자, 패배자라고 스스로 움츠리고 산 시간이 안타깝고 아쉽다. 하지만 이제 더 이상 과거에 스트레스받지 않는다. 현재 내 주어진 삶을 충실히 사는 것이 내 남은 삶을 위한 최선이라는 사실을 알기 때문이다. 더 이상 바꿀 수 없는 과거에 얽매이지 말고 다가오지 않은 미래를 걱정하지 말고 오직 지금 삶을 충실히 살면 된다.

인생은 크게 과거와 현재, 미래로 나눌 수 있다. 과거는 지나가 버렸다. 단 1초도 바꿀 수 없다. 실패는 실패로 받아들이되, 같은 실수를 반복하지 않으면 된다. 미래는 아직 오지 않았다. 과도한 걱정은 현재를 흐리게 만든다. 결국 미래는 오늘의 연장선이다. 내가 지금 어떤 마음으로 어떤 행동을 하느냐가 곧 내 미래가 된다. 미래를 바꾸고 싶다면 오늘을 잘 살아야 한다.

마라톤 대회가 2주 앞으로 다가왔다. 긴 시간이 걸렸지만 나는 내 방식대로 조금씩 달려왔다. 앞으로 나아가는 데 중요한 건 성과보다 지속이다. 내일부터 잘해야지, 다음 주부터 잘해야지가 아니라, 오늘 하루만 잘 해내자는 마음으로 달려왔다.

지나간 일들은 이제 놓아도 좋다. 내 손으로 어찌할 수 없는 과거에 머물지 말고 오직 오늘 내가 할 수 있는 일에 집중하자. 그렇게 오늘에 충실할 때, 스트레스 없이 성장은 자연스럽게 따라온다.

> 호흡을 고르는 문장
>
> "오늘이라는 시간 속에 인생이 담겨 있다.
> 지금 이 순간을 정성껏 살아내야 내일도 존재할 수 있다."

3

가치 있는 일만
남기기로

　같은 일을 해도 누군가에는 의미와 가치가 있지만 또 다른 사람에게는 아무 의미 없을 수도 있다. 자신에게 맞는 일, 의미 있고 가치 있는 일을 찾자. 자신에게 의미 없는 일을 부여잡고 소중한 시간을 낭비하는 일이 있어서는 안 되겠다.

　아무리 열심히 산다고 한들 그 일이 자신이 진정으로 원하고 바라는 것이 아니라면 다시 한번 생각해 볼 필요가 있다. 자신이 하는 일이 본인에게 어떤 의미와 가치를 주는지 살피고 점검할 수 있다면 좋겠다.

　과거 골프를 친 적이 있다. 남편과 주변의 권유에 떠밀려 시작했다. 기초 연습은 지루하고 힘들었다. 채를 들고 한 자리에서 계속 팔을 왔다 갔다 반복해야 했다. 어깨도 아프고 다리도 아팠다. 어느 정도 시간이 지나 다양한 채를 가지고 공을 더 멀리, 더 정확히 보내는 연습도 했다. 그러나 아무리 연습해도 공을 잘 맞히기는 어려웠다.

그나마 어느 정도 연습이 된 다음 라운딩을 가기 시작했다. 처음으로 간 곳은 단양에 있는 골프장이었다. 형님네 내외와 우리 부부 네 명이 한 팀이 되었다. 골프 규칙을 거의 모르는 상태에서 남편이 하라는 대로만 했다. 정신없이 시키는 대로 하다 보니 금세 다섯 시간이 흘러가 버렸다. 낮에 도착했던 골프장에 어느새 해가 뉘엿뉘엿 지고 있었다.

오전 시간 거의 매일 연습장에 가서 한두 시간씩 연습하고 개인 지도를 받기도 했다. 한 달에 어쩌다 한두 번 사람들과 팀을 이뤄 야외 라운딩을 갔다. 골프장 사용료 외 비용이 적지 않았고 라운딩을 가기 위해 가끔 옷도 새로 사야 했다. 주로 인근 골프장을 갔지만 어쩌다 먼 곳까지 다녀오려면 오가는 시간을 포함해서 하루 종일 밖에서 시간을 보내야 하기도 했다.

시작을 하기는 했는데 이것이 과연 나에게 어떤 의미가 있는지를 생각했다. 골프는 헬스나 다른 운동에 비해 운동하는 느낌이 들지 않았다. 오직 공을 정확하게 멀리 보내기 위해 연습을 하고 밖에 나가 공을 칠 때면 잔디에서 많이 걷기는 했지만 시간만 많이 흘렀지, 운동하는 느낌 같은 것은 없었다.

골프는 사교 목적이 강했다. 내가 굳이 사람들을 사귀려고 일부러 골프까지 칠 이유는 없었다. 물론 다른 사람들과 함께 골프를 치면서 서로 알아 가고 친분을 다지는 것도 나쁜 일은 아니었다. 누군가는 삶의 활력이 되고 도움이 될 수도 있겠지만 골프가 나에게는 크게 의미 있지는 않았다.

시간이 지날수록 골프를 하면서 들이는 시간과 비용이 아깝다는 생각이 들었다. 뭔가 생산적인 일을 하는 것이 아니고 소비적인 일만 하고 있다는 느낌을 지울 수 없었다. 물론 좋은 추억을 남기고 실력이 조금씩 나아지는 것을 느낄 때는 즐겁고 기쁜 순간도 있었다. 하지만 그렇다고 해서 골프가 크게 만족을 주지는 않았다. 약 3년간 치던 골프를 그만두기로 결단을 내리고 그만뒀다.

인터넷을 자주 하게 되면서 블로그나 카페, 밴드, 오픈채팅방을 통해 여러 가지 자기 계발 모임과 각종 챌린지 등에 참여했다. 온라인이라는 특성상 뭐든 쉽게 쉽게 참여할 수 있었다. 어떤 프로그램은 무료로 운영하는 곳도 있었고 적게는 만원에서 몇십만 원까지 비용을 요구하는 강좌도 많았다. 호기심에 처음에는 이것저것 닥치는 대로 신청했다.

가입도 쉽고 결제도 쉬웠다. 깊이 생각하지 않고 무조건 끌리는 강좌가 있으면 신청부터 했다. 강의의 목적, 기대 효과 등을 자세히 따지지 않았다. 조금이라도 관심이 가는 강좌가 있으면 바로 시작했다. 강의를 듣고 매일 인증하는 방식으로 참여했다. 처음에 열심히 참여하다가도 어느 순간이 되면 지겨워지거나 과제를 수행해 내기가 힘들어졌다. 힘들어지면 그만두었다. 제대로 익히고 배우고 써먹은 것이 별로 없다.

몇 년간 그런 패턴이 반복되었다. 어느 순간 더 이상 이런 상황이 되어서는 안 되겠다는 생각이 들었다. 애초에 목적부터 불분명했다. 구체적인 계획 없이 그저 쉽게 생각하고 시작하고 제대로 하지 않았으니, 성과라고 불릴만한 어떤 결과도 만들어내지 못했다.

  또다시 멈춰야 했다. 더 이상 의미 없는 모임이나 배움은 중단하기로 했다. 이것저것 분주하게 하느라 시간에 쫓기는 생활은 그만두는 게 옳았다. 하나라도 제대로 배우고 익히며 뭐라도 내 인생에 도움이 될 만한 일을 찾고 싶었다.

  달리기와 글쓰기는 달랐다. 달리기를 통해 몸이 건강해진 것은 물론, 자신감을 가지게 되었고, 긍정적인 생각을 지니게 되었다. 읽기를 통해 세상과 타인을 이해하고 쓰는 행위를 하면서 나를 성찰하면서 다른 사람에게 도움이 되는 글을 쓰고 있다. 내 인생을 보다 의미 있고 가치 있게 만드는 것은 읽고 쓰는 행위라는 것을 깨달았다. 나의 달리기 경험을 바탕으로 느끼고 깨달은 바를 담아 책 한 권 출간했고 지금 두 번째 책을 쓰고 있다.

  누구에게나 자신에게 의미 있고 소중한 일이 따로 있다. 남들이 다 한다고 해서 따라 하며 자신에게 쓸모도 없는 일에 시간과 에너지를 낭비하지 말았으면 좋겠다. 경험상 그렇게 시간을 보내 보았기에 그것이 얼마나 의미 없는 일인지 잘 안다.

  우리에게 주어진 시간은 유한하다. 언젠가는 그 시간이 끝난다. 어쩌면 생각보다 더 빨리 올지도 모른다. 그 시간을 허투루 쓰지 않으려면 내 삶에 진짜 의미와 가치를 주는 일을 선택해야 한다. 그리고 그 일에 집중해야 한다. 무엇이 나에게 중요한가. 무엇이 나에게 가장 소중한가. 그 질문 앞에 솔직할 수 있다면, 우리는 이미 더 의미 있는 삶의 방향을 향해 한 걸음 내디딘 것이다.

4

달리기에서 본 인생

 힘들면 쉽게 포기하는 사람이 많다. 과거의 내가 그랬다. 무엇 하나 진득하게 하는 것 없이 조금만 어려운 일이 생겨도 금세 그만뒀다. 문제가 발생하면 극복해 나갈 생각은 하지 않고 피하기에 급급했다. 별반 나아지는 것 없는 고만고만한 삶을 살아왔다. 인생은 지속되고 문제는 끝없이 밀려온다. 어려움이 닥치면 극복하고 나아가는 것이 중요하다.

 젊은 시절 직장을 다닐 때다. 들어간 곳에서 1년을 채우지 못하고 나왔다. 다니던 곳이 마음에 들지 않기 시작하면 깊이 고민하지 않고 다른 곳을 알아봤다. 새 직장은 좀 더 나을 거로 생각했지만 시간이 지나면 새 직장도 전 직장과 별반 다를 바 없었다. 여전히 내 월급이 작은 것 같았고 나만 부당한 대우를 받는 것 같았다. 그러면 잠시 머물다 떠나는 철새처럼 또 직장을 옮겼다.
 문제가 생기면 해결하려고 노력해야 하는 것이 마땅했다. 하지만 일단 피하고 보자는 쪽을 택했다. 결과는 늘 불만족스러웠다. 직장이 문제가 아니라 내가 문제였다. 어려움을 참아내지 못했다. 여러 번 직장을 옮기면서 자괴감만 커졌다.

그러던 내가 달리기를 시작한 지 어느덧 5년이 되었다. 그동안 그만두고 싶었던 순간이 한두 번이 아니었다. 가장 기억에 남는 것은 2021년 11월 손기정 평화마라톤대회, 두 번째 마라톤 참가를 결정할 때다. 달리기를 꾸준히 1년 넘게 했었다. 코로나 시기여서 비록 버추얼 마라톤(자신이 있는 지역에서 완주하고 인증하는 방식)이었지만 10km 대회도 참가하고 완주를 했다.

다음 해에 다시 손기정 평화마라톤대회 안내 공지를 보게 되었다. 첫 번째 마라톤에 참여했을 때의 좋은 기억을 떠올리며 두 번째도 바로 신청했다. 신청을 하긴 했지만, 연습이 제대로 되지 않았다. 당시 일이 많아 늦게 잠드는 날이 많았다. 다음 날 대회 당일 아침, 당연히 피곤했다. 야식을 자주 먹기도 했다. 자고 나면 손발이 붓고 속도 불편했다. 그런 몸으로 운동이 제대로 될 리 없었다.

슬그머니 포기하고 싶은 생각이 올라왔다. 아무도 내가 대회에 신청한 사실을 몰랐다. 참가를 해도 그만 안 해도 그만이었다. 안 한다고 뭐라고 할 사람이 없었다. 또한 지난해와 같은 가상대회였다. 코로나가 지속되고 있었기 때문이다. 현장 참여도 아닌데 굳이 혼자서 뛰고 인증하고 그런 것이 무슨 의미가 있을까 싶었다. 생각은 자꾸만 부정적으로 흘러갔다.

그렇게 마음이 흐려지던 어느 날, 이른 아침에 평소처럼 아파트를 나섰다. 11월 초, 낙엽이 수북이 쌓여있던 길을 지나 강변을 향해 천천히 걷고 있었다. 찬 바람에 어깨를 움츠리고 주머니에 손을 넣은 채, 문득 스스로에게 질문을 던졌다.

'나는 왜 대회에 참가해야 할까?' 곧바로 머릿속에 떠오른 답은 이랬다.

'내가 하기로 했으니까, 하기로 결정한 일이니까!' 그 단순하고도 명확한 대답이, 이상하게도 내 마음을 단단하게 해주었다. 갑자기 발걸음이 가벼워지고 마음도 맑아지는 듯했다. 나는 강변 주로로 내려가 조용히 달리기 시작했다.

두 번째 마라톤에 참여했다. 기록은 비록 첫 대회 때보다 몇 분 늦었지만, 뿌듯한 마음은 오히려 컸다. 포기하려던 마음을 이겨냈기 때문이다. 끝까지 완주했다는 흥분과 기쁨이 오래갔다. 이후 계속해서 다른 대회도 참가하게 되었다. 신청한 대회는 한 번도 포기하지 않았다. 그때 두 번째 대회를 포기했더라면 지금의 나는 아마 없었을 것이다.

2022년은 드디어 현장 마라톤 대회가 열렸다. 우리나라 3대 메이저 대회 중 하나인 춘천 마라톤 대회 10km에 신청했다. 현장에 참여한다는 흥분과 설렘이 있었지만, 역시 참가 여부를 고민했다. 그 먼 곳까지 어떻게 가야 할지 막막했다. 잘 달릴 수 있을지에 대한 걱정보다 대회 장소까지 이동이 걱정이었다. 혼자서 고속도로 운전을 해야 했다. 운전이 능숙하지 않은 편이라 부담스러웠다. 포기할까? 하는 마음이 또 스멀스멀 올라왔다. 마음을 단단히 먹고 고속도로 운전을 감행(?)했다. 해 보니 할 수 있었다. 또 하나의 산을 넘었다.

같은 해에 손기정 마라톤 현장 대회에도 참가했다. 서울에서 열린 대회라 지방에 사는 나는 숙소를 잡고 1박을 하면서 참가했다. 이번에는 주위 사람들이 뭘 그렇게까지 별나게 하냐고 할까 봐 신경이 쓰였다. 그만둘까도 생각했다. 하지만 염려와 달리 주변에 그렇게 말하는 사람은 없었다.

다음 해 3월 동아 마라톤도 참여했다. 처음에는 참가하지 않으려 했다. 새 학기라 업무가 바빠질 거라 지레짐작했다. 10km를 이미 여러 번 뛰어 봤는데 또 참가하는 것이 더 이상 무슨 의미가 있을까도 싶었다. 하지만 몇 번 힘든 고비를 넘겨보니, 상황이 어떠하든 한번 부딪쳐 보자는 마음이 컸다. 그렇게 해서 동아마라톤대회에 참가했고 평균 페이스 5분 30초대로 그동안 참가했던 10km 대회 중 가장 좋은 기록을 얻었다.

달리기를 통해 나는 배웠다. 인생도 마찬가지라는 것을. 도전하고 포기하지 않고 꾸준히 나아가면 결국 원하는 곳에 도달할 수 있다. 아무리 멋지게 시작해도 중간에 멈추면 결승선에는 절대 닿을 수 없다. 아무도 안 알아줘도 대단한 이유가 없어도 상관없다. 내가 하기로 한 일이니까 해내는 거다. 넘어질 수도 있다. 그래도 다시 일어나 계속 가는 것, 그것이야말로 진짜 달리는 삶이다. 그리고 나는 이제야 인생을 달리고 있다.

5

노력은
결과로 돌아왔다

　초등학교 4학년 때쯤으로 기억한다. 체육 시간에 선생님이 철봉 앞 돌기 시범을 보였다. 양손으로 철봉을 잡고 점프해서 철봉에 몸을 걸친 뒤 한 바퀴 빙글 돌아내려 오는 동작이었다. 아무리 해도 잘되지 않았다. 팔 힘이 없어서인지 요령이 없어서인지 몸을 띄워 철봉에 걸치는 일이 쉽지 않았다.

　선생님은 며칠 뒤에 그 동작을 시험 보겠다고 했다. 시험에 통과하고 싶었다. 어떻게 하면 해낼 수 있을지 고민하다가 좋은 생각이 떠올랐다. 학교 오가는 길에 연습해 보기로 했다. 아침에 등교하면서 교실로 들어가기 전 운동장 구석에 있는 철봉 쪽으로 먼저 갔다. 가방을 벗어 놓고 철봉을 잡고 위로 오르려고 시도했다. 잘 안 되었다.

　수업을 마치고 교실을 나오며 다시 철봉으로 갔다. 재시도해 보았지만, 여전히 나는 몸을 철봉에 올릴 수 없었다. 너무 오래전 일이라 얼마나 오랫동안 연습을 했는지는 모르겠다. 한동안 교문을 들어서면 무조건 철봉에 가서 가방을 내려놓고 연습했던 기억은 남아 있다. 그러던 어느 날 드디어 철봉 위로 몸을 띄워 올릴 수 있었다. 빙그르르 한 바퀴 돌아 착지하는 것도 가능했다. 수십 년이 지난 지금도 그 순간의 기억은 희미하지만 따뜻하게 남아 있다. 스스로 힘으로 해냈다는 확신, 그것이 내 마음 깊이 남은 것이다.

11월 초순, 제법 쌀쌀한 날씨다. 긴 팔, 긴 바지를 입고 바람막이 점퍼에 장갑까지 끼고 아파트를 나섰다. 차가운 공기를 느끼며 강변으로 내려갔다. 한정교 다리 밑에서 스트레칭을 시작했다.

어제는 5km 연습을 하는 날이었다. 해가 짧아지고 날씨가 추워지면서 평일 단체 훈련은 중단되었고 주중에는 개인 연습을 해야 했다. 오늘은 천천히 오래 뛰는 것이 아니라 짧은 거리를 가능한 빠른 속도로 뛰는 연습을 하는 날이다.

천천히 뛸 때는 1km에 6분 30초 정도 페이스로 뛰면 된다. 오늘 훈련은 1km를 5분에 뛰어야 했다. 평소에는 최대한 빨리 달린다 해도 5분 30초 정도밖에 기록이 나오지 않았다. 과연 5분대에 달릴 수 있을지는 미지수였다.

먼저 3km를 천천히 뛰면서 몸을 풀었다. 본격적으로 오늘의 훈련을 해볼 차례였다. 약간 긴장되었다. 스포츠 시계 시작 버튼을 누르고 달리기 시작했다. 다리가 부드럽다는 느낌이 왔다.

빠른 속도로 달리는데도 숨이 별로 차지 않았다. 예전 같으면 이렇게 빨리 달리면 바로 숨이 찼는데 전과 달랐다. 달리다 보니 어느새 1km를 달렸다. 시계로 페이스를 확인했다. 5분 4초. 제법 괜찮은 페이스였다. 계속해서 달렸다.

2km를 지나도 페이스가 떨어지지 않았다. 5분 3초. 오히려 1초가 빨라졌다. 3km쯤 다가오자, 숨이 가쁘기 시작했다. 속도를 줄일 수는 없었다. 오늘은 무조건 같은 속력으로 끝까지 밀고 나가는 것이 훈련 포인트였다.

점점 다리가 아파져 왔다. 동시에 이상하게 오늘은 아랫배 쪽이 당겼다. 왜일까 이유를 생각해 보자 금방 답이 나왔다. 어제 새로 산 레깅스 때문이었다. 겨울이 다가오자, 운동복이 마땅치 않아 나이키 매장에 가서 조금 가격이 나가는 것으로 레깅스를 하나 장만했다. 쫀쫀한 새 레깅스 허리 부분이 복부를 누르고 있었다.

처음 입었을 때는 잘 몰랐었는데 그 상태로 힘을 주어 계속 달리다 보니 배가 아팠다. 멈춰야 하나 말아야 하나 고민되었다. 하지만, 남은 거리가 얼마 되지 않았다. 힘은 들었지만 어떻게든 버텨보자며 참았다. 4km 지점을 지나도 페이스가 거의 떨어지지 않았다. 마지막으로 있는 힘을 다해 뛰었다. 남은 1km는 5분 13초. 페이스가 약간 떨어졌다.

전체적으로 5분 초반 페이스로 뛰었다. 여름에 아무리 애를 써도 6분대를 벗어나기가 어려웠는데 알게 모르게 그동안 연습을 꾸준히 하면서 실력이 쌓인 모양이었다.

여름에 훈련을 제법 많이 했다. 몇 달 동안, 매달 거의 200km 이상을 뛰었다. 올여름 유난히 더워서 폭염주의보 안내 문자가 수시로 왔었다. 그럼에도 주중 화요일과 목요일, 일요일 장거리 훈련을 거른 적이 없다.

훈련 시작 시각은 오후 6시 30분, 해가 뉘엿뉘엿 넘어갈 무렵이었다. 그 시각에 뛰기 시작하면 종일 햇빛에 달궈진 아스팔트 열기가 그대로 몸으로 전해졌다. 넘어가는 해를 마주하고 오르막과 내리막이 있는 구간을 자주 달렸다.

몇 m만 뛰어도 얼굴에 땀이 줄줄 흘렀다. 연신 얼굴에 맺히는 땀을 닦으며 뛰었다. 내리쬐는 따가운 햇볕도, 뜨거운 땅의 열기도 불평하지 않았다. 그저 훈련 계획이 되어 있는 대로 무조건 뛰었다. 덥다고 연습을 거르는 날은 없었다. 뛰다가 급수차를 만나 이온 음료 한 잔 마시고 다시 뛰었다. 반환점을 돌아 출발했던 시민 운동장으로 돌아오면 8~10km쯤 되었다. 이미 듬뿍 젖은 옷에서 땀이 뚝뚝 떨어졌다.

"가을 되면 기록이 좋아질 겁니다!"
어느 날 훈련을 마친 뒤, 지쳐있는 나에게 훈련부장이 무심하게 말했다.
그리고 지금, 그 말이 현실이 되었다. 찬 바람 부는 가을이 오자, 언덕을 오를 때 예전처럼 숨이 차지 않았고, 페이스는 5분대 초반으로 안정되었다. 여름에 흘린 땀이 절대 헛되지 않았다는 걸 느낄 수 있었다.

모든 일의 결과에는 그 원인이 반드시 있기 마련이다. 한여름 무더위에

< 제4장 > 달리기로 견디고, 살아낸 날들

도 연습을 게을리하지 않은 덕분에 가을이 오자 실제로 기록이 눈에 띄게 좋아졌고 페이스가 안정되었다. 모든 결과에는 그에 맞는 원인이 있다. 무더위 속에서도 꾸준히 달린 훈련, 땀과 인내가 오늘의 기록으로 이어졌다. 무엇이든 그냥 이루어지는 일은 없다. 정성과 노력이 쌓이면 언젠가 반드시 결과로 돌아온다. 그것이 인생이고 달리기에서 내가 배운 진리다.

> 호흡을 고르는 문장
>
> "결과는 노력의 그림자처럼 따라온다. 우리가 진정 집중해야 할 것은 결과가 아닌, 그 결과를 빚어내는 과정이다."

6

힘든 건
사실이지만

 달리다 보면 누구나 힘든 순간을 맞닥뜨린다. 그때 멈출지 계속할지는 결국 본인의 선택이다.『달리기를 말할 때 내가 하고 싶은 이야기』에서 하루키는 이렇게 말한다. "힘들다는 것은 피할 수 없는 사실이지만, '이젠 안 되겠다.'인지 어떤지는 본인이 결정하기 나름이다."

 어떤 일이든 해 나가다 보면 힘든 상황이 오기 마련이다. 그때 두 가지 선택을 할 수 있다. 그만두든지 아니면 계속하든지. 선택은 본인에게 달려 있다. 도저히 안 될 것 같은 순간에도 한 번 더 힘을 내 볼 수 있다면 좋겠다.

 다음 주 풀코스 마라톤을 앞두고 10km 전력 달리기 훈련이 있었다. 자신이 낼 수 있는 가장 최대 속도로 달리는 거다. 목표 페이스는 초반 5분 20초, 후반 5분 10초였다. 대회를 뛰든 연습하든 달리기 전에는 항상 전략 페이스를 짠다. 평소 실력에서 조금 높여서 목표 페이스를 설정했다.

 아침을 든든하게 먹고 차를 타고 시민 운동장으로 향했다. 트랙 돌기

10km를 할 예정이었다. 운동장을 들어서는데 평소보다 차가 많이 보였다. 늘 주차하던 동문 근처에는 이미 차가 만원이었다. 겨우 한 자리를 찾아 주차하고 운동장으로 들어갔다.

들어가는데 벌써 분위기가 심상치 않았다. 초등학교 저학년쯤으로 보이는 작은 키의 아이들 여러 명이 유니폼을 갖춰입고 운동장 가운데 잔디밭에서 공을 차고 있었다. 트랙 주변에는 부스를 설치하느라 관계자들이 분주하게 움직이고 있었다. 아이들의 재잘거리는 소리와 엄마들의 응원 소리가 운동장에 가득했다. 서문 쪽에 위치한 커다란 전광판을 쳐다봤다. '아이 리그전' 어린 학생들 축구 대회가 열리고 있었다.

급히 훈련 장소가 강변으로 변경되었다. 운동장을 나와 다리를 건너 둑 아래쪽에 도착했다. 출발 전 스트레칭을 하며 몸을 풀었다. 다음 주 대회를 남겨두고 평소보다 회원들이 많이 참가했다. 그들 무리에 섞여 계속해서 팔과 다리를 쭉쭉 늘리고 운동화 끈도 새로 묶었다.

심장이 두근거렸다. 아무리 연습이라고 하지만, 자신이 할 수 있는 가장 빠른 속도로 뛰어야 했기에 긴장과 부담이 함께 몰려왔다. 시간이 되자 각자 스포츠 시계를 누르고 동시에 출발했다. 얼마 안 가자 벌써 회원들은 저 멀리 달아나기 시작했다. 편안한 속도가 아니라 최대한 빠르게 달려야 했다. 속도감이 느껴졌다. 다행히 날씨는 흐려 그다지 덥지는 않았다.

빠른 속도 때문에 2km쯤 가자 벌써 온몸의 고통이 밀려왔다. '대체 내가 이걸 왜 하고 있나?'라는 생각이 문득 떠올랐다. 발을 빠르게 내디디면서도 계속 힘들다는 생각밖에 나지 않았다. '그만 멈출까?' 하는 생각이 머릿속에 꽉 들어찼다.

머릿속에서 그만두자 하는 생각이 드는 것과 달리, 다리는 계속해서 움직이고 있었다. 점점 더 숨이 가빠오고 몸 여기저기서 힘들다는 신호를 보내왔다. 생각을 멈춰야 했다. 고개를 떨구고 땅만 보고 뛰었다. 그만두고 싶은 마음을 밀어내야 했다. 그냥 달렸다. 무작정 달렸다. 시간이 지나면서 어느 순간 그만두고 싶다는 마음이 사라지고 그냥 이대로 뛰자는 마음이 올라왔다. 마치 천사가 악마를 밀어내듯이.

마음이 진정되고 정신을 차려보니 어느새 5km 반환점까지 와 있었다. 그제야 정신이 조금 들었다. 좀 더 힘을 내서 기록을 당겨보자 하는 마음까지 생겼다. 더 힘차게 발을 굴렸다. 신기하게도 발이 앞으로 잘 나갔다. 쭉쭉 달려나갔다. 더 이상 포기하고 싶은 마음 따위는 들어서지 않았다.

어떻게든 빨리 뛰어서 조금이라도 기록을 당기고 싶은 마음뿐이었다. 마지막 1km를 남겨두고는 더욱 세차게 뛰었다. 힘들다는 생각, 다리가 아프다는 생각은 어느새 모두 사라졌다. 무조건 달려야 한다는 생각뿐이었다. 바람을 가르며 뛰었다. 골인 지점이 점점 가까워져 오고 있었다. 이미 도착한 회원들이 저 앞에 보였다. 드디어 결승선을 통과했다. 스포츠 시계에서 10km 알람이 찡하고 울렸다. 알람을 끄고 속도를 줄이며 조금 더 뛰다가 멈췄다. 모든 것이 끝났다.

50분 23초. 평균 페이스 5분 2초. 작년 초 동아 마라톤에 나가 달렸을 때보다 5분 정도 빨랐다. 달릴 때의 고통은 모두 사라지고 좋은 기록만 남았다. 스트레칭을 하며 긴장했던 다리 근육을 풀었다.

힘든 것은 사실이었다. 이젠 도저히 안 되겠다는 생각도 들었다. 이 짓을 왜 하나 싶기도 했다. 하지만 결국 그만두지 않고 끝까지 완주해 냈다. 또 하나의 기록을 세웠다. 비록 연습 훈련이었지만 대회 못지않게 기뻤다. 가슴 밑바닥에서부터 뿌듯한 마음이 차올랐다.

다른 회원들도 하나둘씩 도착했다. 우리는 다시 강둑으로 올라가 다리를 건너 시민 운동장으로 돌아갔다. 운동장에서는 여전히 꼬마들의 축구 경기가 진행 중이었다. 공을 따라 뛰는 아이들과 응원하는 부모들, 응원 현수막과 함성이 어우러져 한 편의 풍경화처럼 눈앞에 펼쳐졌다.

운동장 한쪽에 마련된 테이블에서 물 한 병을 받아 마셨다. 다음 주 대회 기념 티셔츠와 배 번호표도 받았다. '풀코스 박정미'라고 적힌 이름표를 보자, 실감이 났다. 일주일 뒤면 드디어 풀코스 마라톤을 뛴다.

고통은 피할 수 없는 현실이다. 하지만 그 고통 앞에서 어떻게 행동할지는 나의 선택이다. 어둡고 긴 터널을 지나는 동안은 앞이 보이지 않을 수 있다. 하지만 계속 걸어간다면 언젠가 그 끝엔 빛이 있다.

고통은 결국 지나간다. 그리고 그 고통을 견뎌낸 자리에 우리는 조금씩 자라난다.

7

달리기보다
더 깊은 배움

"동서 얼굴이 왜 그래?"

오랜만에 시댁을 방문했을 때, 형님이 나를 보자마자 말했다. 볼이 조금 파이고 얼굴이 검게 그을리고 기미가 생긴 모습을 보고 하는 말이었다. 얼마 전 온라인 강의 시간, 지목을 받아 마이크를 켜고 인사를 하자 대뜸 선생님이 말했다.

"살이 좀 빠지신 것 같습니다."

그렇다. 예전에 비해 5kg 정도 체중이 줄었다. 요즘 체중계에 올라서면 거의 결혼 전 몸무게와 비슷하다.

결혼 후 첫 아이를 낳고 4kg이 늘었고, 둘째를 낳으면서 다시 체중이 불었다. 작은 키에 비해서 제법 체중이 많이 나가는 편이다. 어쩌다가 조금 빠졌다 싶을 때는 55kg 정도 나가기도 했지만 방심하면 금방 다시 예전 체중으로 돌아오고 코로나 시기 잘 움직이지 않을 때는 거의 60kg까지도 몸무게가 나갔다. 건강 검진을 하면 항상 과체중 또는 경도 비만으로 나왔다.

심각하진 않았지만 만족스럽지는 못했다.

운동에 조금 집착하는 편이었다. 운동만 하면 살이 쉽게 빠질 줄 알았다. 하지만, 운동으로는 절대 살이 빠지지 않았다. 달리기를 하기 전에도 헬스, 에어로빅, 수영을 조금씩 했었다. 운동을 해도 체중에는 큰 변화가 없었다.

마라톤 훈련을 본격적으로 시작하면서 식단도 병행했다. 밀가루와 커피를 끊고 가공식품을 최대한 줄였다. 이것만 제대로 지켜도 체중이 빠진다. 거기에다가 단백질과 채소를 풍부하게 먹어주면 좋다. 제대로 뛰기 위해서는 체중 조절이 필요하고 그렇게 하기 위해서는 식단 조절이 필수다.

바른 식습관을 가져야 한다는 사실을 머리로는 알고 있었지만, 일상에서 실천은 잘 하지 않고 있었다. 훈련을 계기로 식단에 신경을 쓰기 시작했다. 잘 달릴 수 있으려면 체중부터 줄이는 것이 첫 번째였다.

완벽하게 지키지는 못했다. 밀가루 음식을 최대한 안 먹고 과자나 빵 같은 간식도 줄였다. 야식도 거의 먹지 않았다. 그러자 점차 체중이 줄어들었다. 예전에 꽉 껴서 못 입던 바지가 쑥 들어가고 원피스도 헐렁하게 입을 수 있었다. 가장 크게 변화를 느낀 것은 팔목이다. 늘 차고 다니는 시계 줄이 헐렁해졌다. 손등의 살도 빠져 핏줄도 살짝 보였다.

무엇보다 사진을 찍으면 확연히 살이 빠진 것이 드러났다. 턱선이 또렷이 보이고 전체적으로 부피가 줄어들었다. 발에도 살이 빠져 신발을 신으면 약간 여유가 있었다. 평생 통통한 모습으로만 살아오다가 변화된 내 모습이 낯설기도 하면서 묘하게 기분이 좋았다. 무엇보다 가벼워진 느낌이 가장 좋다.

그렇게 체중을 줄여가던 어느 날, 마트에서 유혹이 다가왔다. 마트에 갔다가 빼빼로가 눈에 띄었다. 11월 11일이 다가오고 있었다. 마트 한쪽에 잔뜩 쌓인 빼빼로를 보고 그냥 지나칠 수 없었다. 하나만 사도 될 걸 종류별로 네 개나 샀다. 남편 두 개 주고 내가 두 개를 먹었다. 역시나 과자는 한번 먹기 시작하면 손이 멈추지 않는다.

한때 운동을 나름 열심히 한다고 했지만, 살이 빠지기는커녕 오히려 더 쪄버려서 스트레스를 엄청나게 받은 적이 있다. 이유는 간단했다. 그 시절 나는 과자를 습관적으로 먹고 있었다. 운동은 열심히 하면서도 먹는 건 늘어났으니, 당연히 효과가 없었다. 그땐 그걸 인정하고 싶지 않았다.

많이 먹었기에 살이 찐 것이었다. 당연한 걸 왜 몰랐을까. 제대로 나를 돌보지 않았었기 때문인 것 같다. 내가 무얼 먹는지 내 생활 습관이 어떤지 돌아보지 않고 그저 운동만 하면 다 되는 줄 알았다.

건강하게 살려면 적정 체중을 유지해야 하는 것은 당연하다. 비만은 고혈압, 당뇨 등 성인병의 원인이 된다. 그뿐만 아니라 기분에도 영향을 미친다. 체중이 많이 나갈 때는 우울한 기분을 느끼는 순간이 많았지만, 요즘은 그렇지 않다. 예전에 비해 훨씬 가벼운 기분으로 지낸다.

이제는 티셔츠를 바지 속에 넣어 입을 수도 있다. 예전에는 무조건 밖으로 꺼내서 엉덩이를 덮고 입었었다. 옷도 크게 고민하지 않고 고른다. 살쪘을 때는 입어도 별로 안 예쁘던 옷도 살을 빼고 나서 입으니까 제법 태가 난다. 옷 가게에서 옷을 입어 볼 때 사장님한테서 '몸이 약해서.'라는 소리도 들었다. 내 귀를 의심했다. 평생 들어보지 못했던 말이다.

전문가들에 따르면 체중 감량에서 식단이 차지하는 비중은 약 70%에 달한다. 즉, 운동보다 '무엇을, 어떻게 먹느냐'가 더 중요한 셈이다. 먹거리에 관심을 가지고 몸에 좋은 음식. 몸을 해치지 않는 음식을 먹는 것이 우선되면 좋다. 식단이 바르다면 체중은 자연스럽게 빠진다. 운동만 한다고 해서 살이 빠지는 건 절대 아니다.

살을 빼는 문제뿐 아니라 인생의 다른 문제도 마찬가지다. 어떤 결과가 나올 때, 한 가지 원인만으로 결정되는 법은 없다. 여러 요인이 복합적으로 작용해서 현재의 모습이 만들어진다. 만약 어떤 일이 잘 안된다면 다른 방식으로 접근해 보는 것도 필요하다. 다양한 각도에서 문제를 바라보고, 유연하게 해결책을 찾아가야 원하는 결과에 도달할 수 있다.

자칫 하나의 원인에만 몰입하다가 진짜 중요한 다른 요소들을 놓치기 쉽다. 운동이 전부가 아니듯 인생의 많은 일들도 한 가지로 설명되지 않는다. 자신을 돌아보고, 삶의 여러 요소를 균형 있게 바라보는 태도가 필요하다.

살이 빠진 것도, 삶이 가벼워진 것도 결국 그런 균형에서 비롯된 변화였다.

8

포기하지 않으면
도달한다

어떤 일을 해 나갈 때 힘든 순간을 만나면 포기하기는 당연히 쉽다. 해도 그만, 안 해도 그만이라면 차라리 포기하고 마음 편하게 사는 것이 나을지도 모른다. 경험상 포기하고 나서 시간이 지나면 반드시 후회했다. 하던 일을 그만두게 되면, 다음에도 그 일이 계속해서 머릿속에서 지워지지 않았다.

포기하고 싶은 순간이 올 때는 조금만 힘을 내보자. 물은 100도가 되어야만 끓는다. 중간에 그만둔다면 영원히 끓을 수 없다. 어두운 터널을 지나면 반드시 밝은 출구가 나온다. 포기하지 않으면 또 다른 세상을 만날 수 있다.

글을 쓰면 좋겠다는 생각이 오래전부터 머릿속에 자리 잡고 있었다. 2016년 『내가 글을 쓰는 이유』를 읽고 그 생각이 좀 더 굳어졌다. 하지만 생각만 하며 벼르다 거의 1년이 지난 후에야 책 쓰기 수업에 등록했다.

온라인이 활성화되지 않은 시절이었다. 버스로 세 시간 이상이 걸리는 먼 곳까지 시간과 품을 들여서 갈 엄두가 나지 않았다. 그보다 글을 꼭 써야만 하는 간절한 이유를 찾지 못했다. 내가 무슨 책을 쓰겠냐고 생각하며 포기했다.

2020년, 코로나 시기가 되면서 온라인 수업이 활성화되었다. 직접 먼 거리를 가지 않고 집에 앉아서도 책 쓰기 수업을 들을 수 있었다. 다시 수업에 등록하고 이번에는 제대로 해 보아야겠다고 다짐했다. 하지만 두 번째 시도 역시 마음먹은 대로 쉽게 되지 않았다. 글쓰기에 익숙하지 않은 상태에서 무작정 책부터 쓰겠다고 덤벼든 탓이다. 서서히 배워가면서 써가야 하는데 너무 성급했다. 약 석 달 만에 아무것도 못 한 채 수업에 참여하지 않으며 손을 놓았다.

그렇게 첫 번째, 두 번째 시도는 모두 실패로 끝났다. 하지만 마음 한편에서는 여전히 글쓰기를 향한 갈망이 남아 있었다. 2년 정도 시간이 흘렀다. 자기 계발 시장에 몸담고 있으며 여러 가지 시도를 하던 중 다시 자이언트 책 쓰기 강좌를 만났다. 무료 특강을 들었다. 강의에서 그동안 생각하지 못했던 글쓰기의 본질과 가치에 대해 들으며 다시 한번 도전해 보기로 마음먹었다.

어떠한 일이 있더라도 이번만큼은 포기하지 않고 해내겠다고 스스로 다짐했다. 매일 글을 썼고 강의를 빠짐없이 들었다. 개인 저서를 쓰면서 공저에도 참여했다. 2023년 한 해 동안 공저 세 권과 개인 저서를 출간할 수 있었다. 잠실 교보문고에서 저자 사인회까지 했다. 가족과 지인 동료 작가들이 많이 와서 축하해 주었다.

결국 글을 쓰고 책을 내게 되었다. 포기하던 순간마다 그냥 이어나갔더라면 어땠을까? 하는 생각을 해 본다. 나를 의심하지 않고 어려움을 피하지 않고 마음먹었던 일을 계속했나 갔더라면 지금보다 더 발전했을지도 모른다. 비록 먼 길을 돌아서 왔지만, 지금이라도 하려던 일을 할 수 있는 그것만으로도 감사하다.

달리기를 하면서 포기하고 싶은 순간이 많았다. 지난 추석쯤이었다. 훈련은 어떻게든 거르지 말아야 했다. 하지만 명절이라 시간 내기가 어려웠다. 그나마 여유가 있는 시간을 잡은 것이 추석 당일 오후 시간이었다. 올해는 추석 날짜가 빨라 추석이라고는 하지만 여름 같은 더위 속에서 음식을 하고 제사를 지내야 했다.

오후 3시에 달리기를 하려고 강변으로 나오자, 더위가 장난이 아니었다. 해는 아직도 이글거리고 시멘트 바닥은 뜨거운 열기로 가득했다. 훈련 프로그램에 따라 페이스에 맞춰서 뛰어야 했다. 마냥 느긋하게 뛸 수 없었다. 조금 빠른 속도로 뛰기 시작했다. 얼마 안 뛰어도 뜨거운 공기가 온몸에 훅훅 느껴졌다.

여름철에는 더위를 피해 이른 새벽이나 저녁 시간에 뛰곤 했었다. 오후 3시 햇볕은 강렬했다. 금세 목이 타고 땀이 줄줄 흘렀다. 5km쯤 가자 벌써 다리가 아프기 시작했다. 점심을 많이 먹었는지 속도 안 좋았다. '내가 왜 이러고 있나.' 하는 생각이 들었다. 이어서 무슨 부귀영화를 누리려고, 왜 이 고생을 사서 하나 싶었다. 명절날 땡볕 아래에서 달리는 나 자신이 한심하게 느껴지기도 했다. 눈물이 핑 돌았다. 수십 번이나 '그만 달리기를 포기하고 걸을까?' 하는 생각이 들었다.

결국 걷지 않았다. 마음은 침울했지만, 끝까지 달려 그날의 훈련을 마쳤다. 포기하고 싶었지만, 그럴 수 없었다. 어떤 일이든 포기하게 되면 나중에 후회하게 된다는 것을 경험으로 알기 때문이다.

10km만 뛰다가 보니 하프에 도전하고 싶은 생각이 자연스럽게 들었다. 될지 말지 의심이 들었지만 결국 해 보니까 되었다. 하프를 뛸 수 있게 되니까 또 자연스럽게 풀코스를 뛰어보고 싶다는 생각이 들었다.

올해 5월부터 본격적으로 훈련 프로그램에 따라 풀코스대회를 준비해 왔다. 풀코스는 그냥 아무렇게나 뛰어도 되는 그런 만만한 거리가 아니었다. 며칠 후면 풀코스대회에 나간다. 포기하지 않았기에 여기까지 왔다. 그간 훈련을 하며 고통스러운 순간도 많았다. 지금까지 경험해 보지 못한 42km를 뛸 때면 얼마나 더 큰 고통이 올지 알 수 없다. 지금 내가 할 수 있는 건, 그 어떤 고통이 오더라도 피하지 말자는 것이다. 머릿속으로 수도 없이 포기 하고 싶은 마음이 들지도 모른다. 하지만 그 순간을 이겨내자고 스스로에게 주문을 건다.

그만둘 이유는 언제나 있다. 시간이 없어서, 너무 힘들어서, 나이가 많아서. 하지만 그런 이유에도 불구하고 계속 나아가는 사람이 결국 목적지에 도달한다. 포기하지 않는 한, 우리는 언제든 다시 시작할 수 있고, 결국엔 도달하게 되어 있다.

50대, 멈추는 법을 배우다

< 제5장 >

빠른 세상 속 나만의 페이스를 찾다

중요한 건 나의 속도다.
남들이 뭐라 하든, 휘둘리지 않고 나를 지킨다.

1

일단 멈추세요

    평지와 달리 고개 넘어 정상까지 가는 길은 쉽지 않았다. 목이 타고 다리가 아팠다. 지나가는 급수 자원봉사 차를 세우고 싶었다. 제발 태워달라고 애걸하고 싶은 마음을 꾹꾹 눌러 참으며 간신히 정상까지 올랐다. 힘겹게 올라갔기 때문이었을까. 그래도 내려올 때는 그저 신났다. 하지만 속도를 내며 내려오는 도중 으악! 중심을 잃고 앞으로 고꾸라졌다. 몇 초 전까지만 해도 속도를 내며 달리던 나는, 데크 길에서 나무판자가 튀어나온 부분을 보지 못하고 그만 발이 걸려 넘어진 것이다.

    왼쪽 무릎에서 피가 났다. 오른쪽도 조금 긁혔다. 손바닥에서 피가 나지는 않았지만 벌겋게 상처가 났다. 갑작스러운 상황에 부끄럽기도 하고 당황스럽기도 해서 넘어지자마자 바로 그 자리에서 일어났다. 뒤쪽에서 오고 있던 회원 한 명이 급히 뛰어왔다. 일단 그 자리에 멈추고 급수차가 오기를 기다렸다. 자원봉사 급수차가 주로 앞으로 뒤로 왔다 갔다 하면서 회원들에게 물을 제공하고 사진을 찍고 있었다. 잠시 기다리자, 급수차가 왔다.

길옆 보호난간을 넘어 차에 올라탔다. 순간 '끝까지 달릴까?' 하는 마음이 들었지만, 무릎에서 올라오는 통증이 그 생각을 밀어냈다.

조금만 더 내려가면 종착지였다. 힘겹게 올라갔는데 완주를 못 한 것이 분하고 아쉬웠다. 아픈 건 문제가 되지 않았다. 회원 한 명이 가져온 비상약으로 무릎을 소독하고 약을 바르고 메디폼을 붙였다. 무릎은 화끈거렸고 손끝에는 시큰한 통증이 느껴졌다. 하지만 견딜 수 있을 만큼의 고통이라며 자신을 다독였다.

다음 날 아침, 자고 일어나니 무릎이 부었다. 통증도 좀 있었다. '아프면 다 나을 때까지 며칠 푹 쉬도록 하세요.' 훈련부장이 카톡을 보내왔다. 하지만 쉬고 싶지 않았다. 하루라도 운동을 놓쳐서는 안 될 것만 같았다. 딱 하루 쉬고 다음 날 바로 운동장으로 향했다.

"벌써 나왔어요? 아직 아플 텐데."

회원들은 걱정스러운 눈으로 나를 쳐다봤다.

"괜찮아요. 다 나았어요!"

일부러 큰 소리로 말했다. 조금 아프기는 했지만 웬만하면 뛸 수 있을 것 같았다. 운동장 트랙을 천천히 돌기 시작했다. 한 바퀴 두 바퀴 돌면서 서서히 속도도 높이고 거리도 평소만큼 뛰었다. 다쳤음에도 불구하고 나와서 운동하고 들어간다면 속으로 우쭐한 마음마저 들었다.

다음 날, 눈을 뜨자마자 무릎이 욱신거렸다. 무릎뿐만 아니라 종아리와 허벅지까지 아프지 않은 곳이 없었다. 아차 싶었다. 며칠 쉬라는 훈련부장의 조언을 무시하고 뛰었더니 완전히 걷는 것도 힘든 지경이 되었다.

통증이 며칠을 갔다. 일상생활을 하면서도 조심조심 겨우 움직였다. 훈련을 못 하는 것이 못내 아쉬웠다. 처음부터 며칠 쉬고 나서 다시 시작했더라면 나았을 뻔했다. 욕심이 앞서 아픈 다리를 끌고 가서 괜찮다고 억지 부리며 연습한 결과였다. 쉬었어야 했다. 그러면 회복 속도가 더 빨랐을지도 모른다.

어쩌면 너무 훈련에 빠져 있어 조금 쉬어가라고 넘어졌는지도 모르겠다는 생각이 들었다. 조언을 안 들은 것을 후회했다. 일단 쉬어야 했다. 다친 다리로 운동을 하는 것은 오히려 다리를 더 더디게 낫게 하는 결과를 가져왔다. 아플 땐 쉬어야 한다는 사실을 몸으로 체득했다.

몇 년 전 운전을 하고 가다가 골목길에서 접촉 사고를 낸 적이 있다. 겨울 김장철 바로 지금 무렵이었다. 다양한 온라인 강의를 듣고 걷기, 합창 등 다양한 취미 활동도 하면서 분주하게 지내던 시기다. 매일 뭐가 그리도 바쁜지 눈코 뜰 새 없었다. 바쁜 와중에 시댁에서 김장을 하기로 되어 있던 날이다.

빈 김치통을 차에 싣고 부리나케 시댁으로 향하던 중 전화가 왔다.

"제가 잠바를 가지고 있어요. 지금 파리바게트에 있는데 이리로 오시겠

어요?"

지인이었다. 전날 모임을 하고서는, 정신이 어디에 팔렸는지 외투를 모임 장소에 두고 가져오지 않았다. 그 옷을 자기가 챙겨서 가지고 있으니, 자기한테로 와 달라는 전화였다. 알았다고 하고 부리나케 그곳에 들렀다가 시댁으로 가기로 했다.

급히 가는데 저 멀리 신호등 파란불이 보였다. 속도를 높여 통과하려고 했으니, 신호등이 노란불로 바뀌었다. 신호를 기다릴 마음의 여유가 없었다. 바로 운전대를 오른쪽으로 돌려 도로 옆 좁은 골목으로 들어섰다. 지름길이 있었다. 요리조리 골목길을 돌아 다시 큰길로 나가려던 참이었다. 우회전을 하면서 좌측을 제대로 살피지 못했다. 직진해 오던 차 조수석을 치고 말았다.

그나마 살짝 부딪쳤길 망정이지 하마터면 큰일 날 뻔했다. 나는 혼자 타고 있었지만, 상대 차에는 아이 엄마와 아이들 셋까지 모두 네 명이 타고 있었다. 아이들도 초등학생과 유치원생으로 모두 어렸다. 다행히 아무도 다친 사람은 없었다. 사고 직후 마음의 충격이 얼마나 크던지 몸에서 힘이 하나도 남김없이 쭉 빠져나가는 것 같았다.

그 일을 계기로 반성을 많이 했다. 당시 일상이 너무나 분주하게 돌아갔다. 결국 시간에 쫓겨 빨리 가려다 그런 사고를 내고 말았다. 나의 일상을 돌아봤다. 이것저것에 에너지를 너무 많이 쏟고 있었다. 안 가도 되는 모임에 나가고, 하루 한두 가지 일로도 벅찬데 서너 가지를 해내려고 욕심을 부렸다.

멈춰야 했다. 그 사건을 계기로 좀 더 자중하게 되었다. 그날 사고는, 어쩌면 정신없이 앞만 보고 가는 내게 조심하라고 누군가 보내는 경고장이었다. 줄일 수 있는 일은 줄이기로 했다. 자신만만해 하며 이것저것 다 할 수 있을 거라는 착각을 내려놓기로 했다.

이러한 경험들은 조급한 마음이 불러온 결과였다. 앞만 보고 달려가다 보면 예상치 못한 제동이 걸릴 수 있다. 다행히 큰 사고로 이어지지 않았지만, 일상을 살아가며 마음의 여유를 갖는 것이 얼마나 중요한지 깨닫게 된다. 속도를 내고 있다면 한 번쯤 멈춰 서서 자기 모습을 돌아보는 여유를 가지면 좋겠다. 때로는 멈추는 것이 앞으로 나아가기 위한 가장 현명한 선택일 수 있다.

> 호흡을 고르는 문장
> "바쁠 때일수록 멈춰야 한다.
> 운동도 인생도, 무리한 속도는 결국 균형을 무너뜨린다."

2

나에게
시선을 돌리다

 며칠째 의도적으로 SNS를 하지 않고 있다. 카톡을 하고 블로그를 열어 글을 쓰고 있지만 인스타그램을 포함해 그 외 카페나 밴드는 보고 있지 않다. 최근 많은 시간을 SNS를 하며 보내고 있다는 사실을 스스로 알아차렸기 때문이다.

 인스타그램이 특히 문제가 되었다. 한 번 접속하면 지인들의 소식이 주르륵 뜬다. 살펴보면서 '좋아요'를 누르거나 간단한 댓글을 남기기도 한다. 그러다 보면 달리기 영상이 뜨기도 하고 러닝 복 광고가 올라오고 별 관심도 없는 수납 가구 광고가 보이기도 한다.

 이런 것들에 정신이 팔리는 문제도 있지만 더 심각한 것은 내가 만든 피드나 릴스를 시청하는 일이다. 사진과 음악을 넣고 글을 써서 조금씩 만들어둔 영상이 제법 쌓였다. 어쩌다 보면 최근 만든 영상부터 과거에 만들었던 영상들까지, 하나씩 내가 만든 것들을 재생해 본다. 일상도 있고 달리기 기록도 있고 책이 관련된 글도 보인다. 한 번 보기 시작하면 멈출 줄을 몰랐다. 잠깐 본 것 같은데도 시계를 보면 한두 시간이 훌쩍 지나 있었다. 안 되겠다 싶어 스스로 자중하는 중이다.

과거 인터넷에 한창 빠진 적이 있었다. 지금처럼 카톡이나 인스타그램, 밴드가 없던 시절이다. 아이들이 어릴 때는 육아 카페에 빠졌었다. 그곳에서 교육 관련 정보를 얻고 책을 공동구매하고 그러면서 아이를 키웠다. 도움이 많이 되기도 한 건 사실이다.

인테리어 카페에 빠진 적도 있었다. 예쁘게 꾸민 집을 보는 것이 그렇게나 좋았다. 거실, 안방, 아이들 방, 주방, 베란다 등 집안 곳곳을 예쁜 가구와 소품으로 꾸며 놓은 '남의 집'을 보면서 힐링이 되었다. 문제는 정작 내 집, 내 방은 단정하지도 예쁘지도 않았다는 것이다. 늘 복잡하고 어수선했다. 일종의 대리 만족을 한 것인지도 모르겠다.

한때, 관심 있는 남의 블로그를 열심히 들여다본 적도 있었다. 내 블로그는 텅텅 비워두고 아무것도 채우지 못한 채 남의 블로그를 그렇게나 열심히 봤다. 살림 블로그, 육아 블로그, 독서 글쓰기 관련 블로그들을 수없이 봤다.

하루에 몇 시간씩 인터넷을 하다 보면 머리가 아파져 올 때도 있었다. 한동안 인터넷에 너무 빠져 있었다고 생각될 때면, 스스로 '인터넷 금지령'을 내렸다. 인터넷에 일절 접속하지 않고 일주일 정도 강제 휴식기를 갖곤 했다. 온라인 세상에 접속하지 않고 그냥 일상을 살아도 아무 문제가 없었으

< 제5장 > 빠른 세상 속 나만의 페이스를 찾다

며 오히려 머리가 맑고 고요해졌다. 그만큼 인터넷 사용이 과도했기에, 스스로 강제 휴식이 필요했다.

지금 와서 돌아보면 너무 많은 시선을 타인의 삶에 두었던 게 아닌가 싶다. 타인들을 보고 타인에게 정신이 팔려 정작 중요한 나 자신은 들여다보지 못했다. 내가 시선을 두어야 할 곳은 남이 아니라 바로 나 자신이었다. 타인의 삶에 시선을 빼앗긴 채 내 삶을 온전히 살아갈 수는 없다. 지난 시절 그렇게나 많이 남의 생활과 남의 생각을 들여다보며 흘려보낸 시간이 아쉽기만 하다.

달리기를 시작하면서 하루 한 시간 또는 두 시간 가까이 강제적으로 나에게 집중할 수밖에 없었다. 달리기는 누구와 같이하는 운동이 아니다. 설령 함께 뛰는 동료가 있다고 해도 잠시 대화를 나눌 수는 있지만 그건 잠깐이다. 달리기는 거의 혼자 하는 운동이다.

마라톤 동호회에 가입하기 전까지 혼자 뛴 시간이 4년 가까이 된다. 평상시 늘 혼자 달렸다. 혼자 뛸 때면 여러 가지 생각들을 하게 된다. 과거, 지금, 앞으로 다가올 미래 등 많은 생각을 하게 된다. 그렇게 최소한 뛰는 시간만큼은 스마트폰을 내려놓고 나 자신에게 집중하게 된다. 이런저런 생각들이 밀려왔다가 밀려가기도 하는데 역시 가장 많이 생각하는 것은 '나'다. 내 발소리와 내 숨소리 나의 컨디션을 점검하게 된다. 어떤 날은 과거의 일을 반성하고 후회하기도 하고, 또 어떤 날은 미래에 대한 희망이 샘솟기도 한다. 달리기는 나에게 집중할 수 있는 좋은 도구가 되어주었다.

글을 쓰는 것도 나에게 집중할 수 있게 해주었다. 책상 앞에 조용히 앉아 키보드를 두드린다. 머릿속에 떠오른 생각을 하나씩 꺼내어 모니터 위에 펼쳐놓는다. 있었던 일을 적다 보면, 그때는 미처 깨닫지 못했던 감정과 생각이 조용히 떠오른다. 내게 어떤 일이 있었고, 그것이 어떤 의미와 가치를 지녔는지 천천히 되짚어 본다. 다른 데 신경 쓸 겨를도 없이, 내 안에 잠들어 있던 이야기들이 서서히 흘러나온다. 그렇게 나는 글을 통해 나를 알 수 있었다.

첫 책을 쓰면서 나의 달리기 경험뿐 아니라 지나간 인생을 조금이나마 정리하고 돌아볼 수 있었다. 두 번째 책을 쓰는 지금 역시 나의 일상과 경험을 떠올려 보며 그것이 주는 의미와 가치를 찾고 있다. 별거 아니라고 여겼던 일들에 의미를 부여하게 되고, 아무것도 아니라고 생각했던 나 자신이 소중해진다.

삶은 평생 자신을 알아가는 여정이다. 다른 사람의 삶에 눈길을 빼앗기기엔 내 인생이 너무나 소중하다. 잠시 멈춰 나를 들여다보고, 내게 집중하는 시간 그것이 진짜 삶을 살아가는 길일지도 모른다.

3
=

못 해도
괜찮았다

조금 못해도 상관없다. 세상에는 나보다 잘난 사람도 많고 나보다 못한 사람도 분명히 있다. 지금 어떤 일을 잘하지 못한다고 해서 영원히 그렇다고 할 수는 없다. 현재의 내 모습이 다가 아니다. 노력 여하에 따라 미래는 충분히 달라질 수 있다.

첫 번째 책을 쓸 때다. 내 달리기 이야기를 누군가에게 해주고 싶다는 생각이 들었다. 달리기라고는 전혀 모르다가 우연히 시작했다. 조금씩 매일 하다 보니 실력도 늘어나고, 우울하던 마음이 사라지고, 삶에 활력을 찾았다. 그 변화를 내 이야기로 사람들에게 전하고 싶었다.

막상 그동안 있었던 일을 책으로 쓰려고 하니 부끄러운 생각이 먼저 들었다. 달리기에 관한 내용을 쓰려면 적어도 하프 코스나 풀코스 정도는 뛰어본 후에 써야 하는 것 아닌가 싶었다. 당시엔 10km 대회를 네 번 완주했을 뿐이었다. 더구나 그중 두 번은 코로나 시기로 인해 가상 마라톤 대회였다.

자꾸만 내 이야기가 초라하게 느껴졌다. 이걸로 무슨 책을 쓸 수 있을까 싶고 자신이 없었다. 포기하려고 했다. 그때 글쓰기 강사가 말했다. 별거 아닌 게 아니라고. 누구나 자신이 한 경험은 소중하며, 나름의 의미와 가치가 있다고. 있는 그대로 독자를 위해 도움이 될 만한 나의 경험을, 진심을 담아 전달하면 된다고 했다. 그 말에 힘을 얻어 책을 쓰기로 마음을 굳히고 계속해서 써 내려갔다.

한 꼭지씩 써나가면서 '내 경험이 별거 아니다.'라는 생각이 점점 사라졌다. 지나고 보면, 작은 이야기 같아도 그것을 통해 내가 어떻게 달라졌는지, 무엇을 느꼈는지에 집중하다 보니 나름의 의미와 가치가 있었다. 정성을 다해 한 편씩 글을 쓰다 보니 어느새 책이 될 만한 분량의 글을 완성하고 퇴고를 거쳐 출간까지 할 수 있게 되었다. 출판 후 책의 독자들이 공감과 위로를 전해줄 때, '못 쓸지도 모른다.'라는 두려움은 기우였음을 알게 됐다.

글을 쓰면서도 생각했다. '나는 왜 이렇게 글을 못 쓸까?' 하고 스스로 답답해했다. '못 쓰는 글을 많이 써야 한다.'라는 말을 떠올렸다. 못 쓴다는 사실을 인정하고 물리적 양을 채워나가기로 했다. 글쓰기 경험이 별로 없으니, 글을 못 쓰는 건 당연했다. 하지만 부지런히 쓰다 보면 점점 나아질 것이라는 믿음을 놓지 않았다.

못 쓴다는 생각이 들었지만, 시도조차 하지 못하는 사람도 많았다. 어떻게든 글을 쓰고 책을 완성하려는 나 자신을 스스로 토닥였다. 못하는 게 문제가 아니라, 할 수 없다고 지레 포기하는 것이 더 큰 문제였다. 무엇이든 처음부터 잘하는 사람은 없다. 못해도 괜찮다는 태도가 나를 계속 앞으로 나아가게 했다.

대학 다닐 때 나는 공부를 잘 못했었다. 동아리 활동에만 빠져 전공 공부를 소홀히 했다. 학점을 날리고 학사 경고를 받기도 했다. 전공 필수 과목을 낙제하기도 했다. 졸업하려면 어쩔 수 없이 재수강해야 했다. 4학년이 되어 3학년 후배들과 같은 교실에서 수업을 들어야 했던 그날, '후배들이 나를 어떻게 생각할까?' 하는 마음에 고개를 제대로 들지 못했다.

졸업할 즈음에는 과연 내가 졸업할 수 있을지 전전긍긍했다. 겨우 졸업은 했지만, 학교 다닐 때 공부 안 한 것이 오래도록 후회되었다. 대학을 졸업하고 결혼한 뒤에도 한참 동안 대학교 도서관 꿈을 자주 꿨다. 공부는 안 하고 놀기만 하면서도 마음 한편으로는 공부 걱정을 하는 내 모습이 꿈속에 자주 나타났다.

시간이 흘러 40대 중반이 되어서야 나는 한자 공부를 다시 시작했다. 하루하루 쌓아가며 몇 년에 걸쳐 공부했고, 결국 한자 급수 자격증 1급까지 취득하고 지도사 자격증도 가지게 되었다. 지금은 방과 후 강사로 아이들에게 한자를 가르치고 있고, 가끔 한자 시험 감독도 한다. 학창 시절 학과 공부에 전혀 관심이 없고, 학과 사람들과도 잘 어울리지 못했던 내가 지금은 한자를 가르치며 누군가의 배움을 돕고 있다.

달리기도 마찬가지다. 4년 전 내 모습을 떠올리면 지금은 정말 많이 발전했다. 그때는 10분도 채 달리지 못해 헉헉거렸다. 30분을 연속해서 뛸 수 있었을 때는 하늘을 나는 것 같았고, 10km를 뛴 날 밤엔 가슴이 벅차올라 길가에 주저앉아 울기도 했다.

중간에 포기하고 싶은 순간도 많았다. '이 나이에 무슨 달리기냐?' 싶어 그만두려 했던 적도 있다. 무릎과 다리가 심하게 아프던 날은 진지하게 그만둘까, 고민했다. 그런 순간을 다 지나 지금은 그저 묵묵히 앞을 향해 나아가고 있다.

지금 나는 쉬지 않고 4시간 가까이 달릴 수 있게 되었다. 마라톤 풀코스 대회를 준비하며 37km까지도 달려보았다. 5년 전의 나를 생각하면 상상도 할 수 없는 일이다. 내 안에 숨어 있던 가능성은, 포기하지 않고 꾸준히 달렸기에 조금씩 모습을 드러냈다.

어떤 일을 지금 못한다고 해서 실망할 필요는 없다. 지금은 조금 못해도 괜찮다. 방향만 잃지 않고 꾸준히 해 나간다면 못 할 일은 없다고 본다. 중요한 건 못 한다고 실망하고 좌절하느냐, 아니면 그런데도 희망을 품고 한 발 앞으로 나아가느냐의 차이다.

물론 시간이 걸리고 노력도 필요하다. 하지만 끈을 놓지 않고 이어가기만 한다면 누구나 할 수 있다. 공부도 그랬고, 달리기도 그랬다. 지금은 못 해도 괜찮다. 지금 못 한다고 영원히 못 하라는 법은 없다. 노력 여하에 따라 얼마든지 달라질 수 있다.

　현재의 내 모습이 전부가 아니라는 사실을 잊지 않았으면 좋겠다. 과거가 어떠했든, 지금 내가 어떤 선택을 하느냐에 따라 미래는 충분히 달라질 수 있다. 지금 조금 못해도 괜찮다. 중요한 건 '나아가고 있다.'라는 사실이다. 그 자체로 이미 충분하다.

4
가지 않아도
마음은 닿는다

　핸드폰 화면 속 코레일 앱의 승차권을 한참 들여다봤다. 오전 8시 11분 출발, 오후 6시 11분 영주 도착. 서울까지 다녀오는 왕복 승차권을 보며 취소를 누를지 말지 고민했다. 한참 더 들여다보다가 결국 취소 버튼을 눌렀다.

　서울 잠실 교보문고에서 자이언트 작가들의 저자 사인회가 있는 날이다. 한 달에 한 번 사인회에 간다. 가서 출간한 작가에게 축하 인사를 건네고 다른 작가들과 이야기도 나누며 의미 있는 시간을 보내고 온다. 작년부터 3월부터 다니기 시작해서 다닌 지 거의 2년이 되어간다. 특별한 일이 있는 날을 빼고는 모두 참석한다. 기차를 타고 가기에 마치 여행하는 기분으로 다녀온다.

　오늘 사인회를 하는 작가를 안 지 거의 5년 가까이 흘렀다. 자기 계발 인터넷 카페를 통해 알게 되었고 시간이 흘러 작가의 강의도 듣게 되고 모임도 함께했다. 작가는 지난 4월 내 사인회 뒤풀이 장소에 와서 노래까지 불러주었다.

잘 아는 작가의 사인회 소식이 우선 반가웠다. 하지만 곧 난감해졌다. 당연히 가서 축하를 해주는 것이 마땅하지만 바로 다음 날 마라톤 대회가 있었다. 그동안 힘들게 훈련하며 쌓아 온 기량을 펼치는, 첫 풀코스에 도전하는 날이었다.

사인회는 늘 토요일이었고 그다음 날인 일요일엔 어김없이 장거리 훈련이 있었다. 종일 서울을 다녀온 다음 날 훈련을 할 때는 늘 힘들었다. 아침 일찍 기차를 타고 서울 잠실 서점에 도착해서 회원들 만나고 사인회 행사에 참여하고 집에 돌아오면 밤 아홉 시가 넘었다. 다음 날 훈련이 힘든 건 당연했다.

기차에 장시간 앉아 있고 지하철을 타느라 계단을 이용하고 행사장에서도 거의 서 있었다. 다리가 붓고 아팠다. 장거리 훈련을 가면 당연히 지치고 힘들었다. 그걸 생각하면 이번에는 서울에 가지 말았어야 했다. 처음에는 가지 않겠다고 생각했지만, 마음 한편에 '그래도 잠깐 얼굴이라도 비추고 오면 되지 않을까?' 하는 생각이 들었다.

훈련부장에게 어렵게 얘기를 꺼냈다. 분명 가지 못하게 할 게 뻔했다. 풀코스를 뛰기 위해서는 컨디션 조절이 필수다. 훈련부장은 평소에도 휴식의 중요성을 자주 강조했다. 마라톤을 완주하려면 훈련만 한다고 되는 일이 아니라 영양, 휴식 어느 것 하나 소홀히 해서는 안 되었다.

의외로 다녀오라는 허락(?)을 받고 기차표를 예매했다. 조금 일찍 가서 평소보다 빠르게 돌아오는 것으로. 그렇게 일정을 짠다고 해도 아침 8시 전에 집을 나가 오후 6시 넘어서야 집에 돌아올 수 있었다. 사인회 날짜가 다가올수록 점점 서울 가는 일이 걱정되었다. 아무리 잠깐 갔다 온다고 해도 서울은 가까운 거리가 아니다. 고민을 거듭하다가 결국 예매를 취소했다.

 오늘 아침 작가에게 카톡을 보냈다. 사정이 이러해서 가지 못한다고. 미안했지만 어쩔 수 없었다. 카톡을 보내고 나자, 못 가는 마음을 대신해 꽃다발을 보내면 되겠다는 생각이 그제야 떠올랐다. 왜 진작 그 생각을 못 했을까 싶었다. 누구에게 부탁할까? 하고 머리를 굴렸다.

 가장 먼저 떠오른 사람은 A였다. A는 분명히 사인회에 갈 것 같았다. '오늘 사인회에 가나요?' 카톡을 보냈다. 한참이 지나도 답장이 없었다. 이번에는 B를 떠올렸다. 함께 강의 듣고 공부한 적이 있는 작가다. 서로 응원하고 지지하는 사이였다. 전화 달라는 카톡 메시지를 남겼다.

 한참 뒤 전화가 왔다. 사인회에 간다고 했다. 내 사정이 이러저러해서 못 가니 혹시 꽃다발을 전해줄 수 있냐고 물었다. 그런데, 그곳 지리를 잘 모르고 오늘 일정이 있어 시간도 조금 빠듯하다는 답이 돌아왔다. 무리한 부탁을 하는 것 같아서 미안하다고 말하고 일른 전화를 끊었다. 마지막으로 떠올린 사람이 있다. C는 안 지 오래된 작가다. 늘 웃는 얼굴이다. 별명이 '미소 천사'일 정도다. 말씨도 곱고 상냥하다.

 전화를 걸었다. '모두 행복해져라. 내가 아는 사람 모두, 모두 행복해져라.' 그녀의 전화벨 소리부터 기분이 좋아졌다. 통화하면서 사정을 얘기하자 바로 알겠다, 걱정 말라는 답변이 돌아왔다. 그제야 마음이 놓였다.

전화를 끊고 잠시 후 그녀에게서 카톡이 왔다. '못 봐서 아쉽지만, 작가님 마음 잘 전해드릴게요. 내일 풀코스 마라톤 긴장하지 말고 늘 해오던 대로 잘하세요. 작가님의 도전 박수 보내드립니다.' C의 얼굴을 닮은 예쁜 이모티콘도 함께 왔다. 그녀가 마치 따뜻한 봄날 햇살처럼 느껴졌다.

그녀는 글쓰기 수업 시간이 임박해 내가 줌 링크를 못 찾아 헤맬 때, 갑자기 필요한 연락처가 있을 때, 낯선 강의장에 혼자 들어서서 뻘쭘해 할 때, 궁금한 게 있을 때, 늘 나를 도와줬다. 한 번도 짜증 내지 않고 조용히 미소 지으며 아는 것을 차분하게 알려줬다.

훈련부장한테서도 카톡이 왔다. 내일 대회 목표 시간, 평균 페이스, 날씨, 코스 전략, 준비물 등 풀코스 도전을 위해 알아야 할 사항들을 세심하고 꼼꼼하게 짚어준다. 여유를 가지고 하나씩 체크하고 있다.

많이 걱정하던 것과 달리 안 가도 크게 문제 될 것이 없었다. 꽃다발로 마음 전할 수 있도록 도와주는 사람이 있었다. 굳이 먼 거리를 다녀오며 무리할 필요가 없었다. 물론 가서 직접 축하해 주는 것이 가장 좋겠지만 사정에 따라가지 못할 수도 있고 그러지 않아도 된다는 것을 배운다. 비로소 마음에 여유가 생긴다.

방금 C가 사진을 보내줬다. 잠실 교보문고 사인회장, 커다란 테이블 위에 화사한 꽃다발이 놓여있고, 오늘의 주인공 작가가 그 앞에서 환하게 웃고 있었다. 사진을 보자 나도 모르게 입가에 미소가 번졌다. 마음은 꼭 직접 가지 않아도, 이렇게 전해질 수 있다는 걸 오늘 새삼 느꼈다.

5

함께여서
완주할 수 있었다

온라인 인증 방식을 통해 운동하던 시기가 있었다. 비슷한 시기에 운동을 시작했지만, 나보다 더 오래, 더 멀리 달리는 사람이 있었다. 나와 동갑인 그녀는 어느 날 하프 마라톤 완주 사진을 단톡방에 올렸다. 신기했고, 부러웠다.

시간이 한참 흐른 어느 날, 또 한 장의 사진이 올라왔다. 이번엔 풀코스 마라톤을 완주한 뒤 찍은 사진이었다. 그녀는 메달을 목에 건 채 결승선 앞에 서서 손으로 브이를 그리고 있었다. 그 사진을 오래도록 들여다보았다. 마음이 숙연해졌다.

비록 전 과정을 알 수는 없지만, 가끔 단톡방에 올라오는 인증을 통해 그녀가 얼마나 꾸준히 노력해 왔는지를 대강 짐작할 수 있었다. 그녀의 끈기와 성실함에 박수를 보냈다. 그러면서 내 안에도 조그만 희망이 하나 피어올랐다.

'나도 혹시, 풀코스를 뛸 수 있지 않을까?'

3월에 열린 동아마라톤대회 풀코스에 신청했었다. 작년 가을, 혼자 준비해 하프 마라톤을 완주한 뒤의 들뜬 기분과 자신감에 이끌려 다음 해 봄 풀코스대회까지 호기롭게 접수했다. 풀코스를 뛰려면 가을부터 체계적으로 준비를 시작해야 했다. 하지만 그 무렵, 친정아버지가 갑자기 아프기 시작했다.

폐암 진단을 받고 항암 치료에 들어가셨다. 나는 원주에 있는 병원에 아버지를 모시고 다니는 일을 맡았고, 매일 친정에도 들러야 했다. 자연스럽게 시간도, 마음의 여유도 사라졌다. 어느새 대회 날짜가 가까워졌고, 준비는커녕 걱정만 쌓여갔다.

그래도 참가라도 해 보자는 생각이 들었다. 하프까지는 뛴 경험이 있으니, 그보다 단 1km라도 더 달릴 수 있다면 대회 참가에 의미가 있을 것 같았다. 그러나 아버지의 병세는 점점 나빠졌고, 결국 숙소와 기차표를 모두 취소할 수밖에 없었다. 대회 하루 전날, 아버지는 세상을 떠나셨다.

아버지 장례식이 끝난 후 어느 정도 일 처리를 마무리하고 5월부터 본격적으로 마라톤 훈련에 참여했다. 동호회 훈련부장이 풀코스 훈련 프로그램을 짜주었다. 그대로 이행하려고 노력했지만, 계획표대로 되지 않는 날도 있었다.

처음에는 일요일 오전 장거리 훈련만 있었다. 6월이 되면서 주중 화요일과 목요일 저녁 시간에도 연습한다고 했다. 화요일에는 합창단 연습이 있었고, 가끔 야간에 강의가 있는 날은 참여가 어려웠다. 무엇보다 훈련에 너무 많은 시간을 할애하는 것 같아 처음에는 주중 훈련은 어렵다고 말하고 참가하지 않았다.

시간이 지나면서 일요일 훈련만으로는 안 될 것 같았다. 기량을 늘리려면 주중 훈련이 필요하다고 판단해서 합창단 연습을 포기하고 주중 저녁 훈련에 참석했다. 참여하지 않을 때보다 확실히 많은 시간을 연습할 수 있었고 드디어 제대로 된 훈련을 할 수 있었다.

주중 훈련은 저녁 6시 30분부터 시작되었다. 한창 해가 넘어갈 시간이었다. 여름이 시작되고 있었고 날은 점점 더워졌다. 시민 운동장 트랙을 돌기도 하고 운동장 밖으로 나가 인근 야산 근처까지 뛰어갔다 오기도 했다.

더위로 인해 조금만 뛰어도 온몸에서 금세 땀이 흘렀다. 하지만 일단 시작하고 나면 계속 달릴 수 있었다. 다른 회원들과 함께 연습하다 보면, 힘들다고 해서 혼자 멈출 수가 없었다. 대부분 경력이 오래된 고수 선배들을 따라가다 보면 어떻게든 그날의 훈련을 소화할 수 있었다.

평일 훈련이나, 장거리 훈련 때 물을 마시는 것은 필수다. 물 없이는 훈련이 거의 불가능하다. 동호회에서는 자원봉사를 해주는 사람이 있다. 아무 보상 없이 묵묵히 회원들에게 물을 제공해 준다. 그런 이들이 있었기에 훈련을 이어갈 수 있었다.

첫 풀코스를 완주할 때다. 골인 지점이 거의 다가왔다. 처음 출발했던 상주 시민 운동장으로 돌아왔다. 마지막 스퍼트를 할 시간이었다. 운동장을 들어서는 순간 저 멀리에 낯익은 하얀 챙 모자를 쓰고 서 있는 사람이 보였다. 뛰면서 가까이 가면서 누군지 알아차렸다. 현숙 언니였다.

마지막이어서 빨리 뛰느라 자세히 볼 수는 없었지만, 언니가 손에 든 뭔가를 쫙 펼친다는 것은 알 수 있었다. 슬쩍 보고는 앞으로 내달렸다. 언니는 옆에서 그걸 들고 함께 뛰었다. 골인 지점을 통과하고 나서야 현수막을 자세히 볼 수 있었다. '42.195 마라톤 첫 풀코스 완주, 러너 박정미' 현수막에 쓰인 글씨를 보자 가슴이 뭉클했고, 눈물이 핑 돌았다. 말없이 펼쳐 든 현수막이 그 어떤 말보다 뜨거운 응원이 되어주었다.

풀코스를 완주하고 나서 회원들의 축하를 듬뿍 받았다. 돌아보면 풀코스 완주는 혼자서는 절대 해내지 못할 일이었다. 회원들의 도움이 있었기에 가능한 일이었다. 선배들은 나를 이끌어주고 응원해 주었다. 그들의 응원과 격려가 있었기에 마라톤 풀코스 완주라는 산을 넘을 수 있었다.

내가 좋아하는 달리기, 그 속에 함께 뛰는 사람들이 있다는 사실은 얼마나 큰 축복인지. 동호회에 들어오지 않았다면 나는 여전히 제자리걸음을 걷고 있었을지도 모른다. 아니면 벌써 그만두었을 수도 있다. 타인과 함께할 때 삶은 더 단단해지고 따뜻해진다.

지금의 나는 안다. 함께했기에 달릴 수 있었고, 함께였기에 끝까지 갈 수 있었다는 것을. 우리 삶은 결국 누군가와 함께할 때 비로소 빛난다.

> 호흡을 고르는 문장
>
> "멀리 가고 싶다면 혼자 가지 말자. 함께 가는 길에 진짜 성장이 있다."

6

내 페이스를
찾기까지

　마라톤 첫 풀코스를 완주하고 많은 사람들의 축하 인사를 받았다. 기쁘고 벅찬 마음은 그다음 날까지도 계속 이어졌다. 며칠 시간이 지나자, 흥분과 들뜬 마음이 가라앉고 아쉬운 점들이 하나둘 떠올랐다.
　마라톤을 뛰면서 겪었던 일들을 자세하게 복기해 보았다. 부족하고 아쉬운 점이 점차 보였다. 달리는 데에는 누구나 자신만의 방식이 있다. 달리기처럼 삶에도 각자의 방식이 있다. 중요한 건 그 방식을 지키는 것이다.

　나는 4시간 20분 완주를 목표로 했다. 이를 위해 평균 페이스 6분 10초를 유지하고 마지막 5km에서 속도를 끌어올리는 전략을 세웠다. 코스 중에는 높은 언덕이 두 곳이나 있었다. 올라갈 때 속도가 늦어지는 것을 고려해 내려올 때는 조금 빨리 내려와야 한다. 이렇게 시합을 하기 전에는 늘 경기를 어떻게 운영해 나갈지 미리 계획한다. 어떻게든 4시간 20분 안에 들어오고 싶었다.

처음에는 혼자 뛰었다. 약 2km쯤 가다가 동호회 회원을 만나게 되었다. 혼자 뛸 생각이었지만, 막상 동호회 회원과 마주치니 외면하기가 어려웠다. 함께 뛰는 게 예의처럼 느껴졌다. 회원은 풀코스 완주 경험이 몇십 회나 되는 고수였다.

1km 지점마다 시계가 울려 평균 속도를 알려준다. 6분 페이스였다. 조금 빨랐다. 속도를 줄이고 싶었지만, 말 꺼내기가 조심스러웠다. 결국 말없이 따라갔다. 회원은 급수대를 만나서는 멈춰 서서 물을 마시고 물을 마신 후에도 바로 출발을 하지 않고 잠시 쉬는 것이었다. 빨리 마시고 빨리 뛰고 싶은데 혼자서 또 그렇게 하기가 조금 눈치가 보였다. 우물쭈물하는 사이에 벌써 많은 거리를 함께 뛰었다.

나는 급수대로 뛰어가 컵을 낚아채 빠르게 물을 마시며 지나가고, 걷는다는 것은 생각도 하지 못했었다. 무조건 느리더라도 뛰는 것을 원칙으로 삼았다. 그런 나의 방식을 두고, 옆에 있는 회원의 방식에 맞춰 달려왔다.

시계가 37km를 알려주었다. 내 계획대로라면 이제부터 빠르게 뛸 차례였다. 하지만, 힘이 빠지기도 했고 또 여기까지 함께 왔는데 나 혼자 빠르게 뛰어가는 일은 어쩐지 미안한 마음이 들었다. 결단을 내려야 했다.

37km에서도 약 300m쯤 더 지나자, 급수대가 나타났다. 이제까지 그랬던 것처럼 멈춰 서서 물을 마셨다. 출발 전 바지 주머니 속에 넣어 두었던 마지막 꿀 스틱을 꺼내 뜯어서 입안에 짜 넣으며 결단을 내렸다. 여기서 결

단하지 않으면 후회할 것 같았다. 함께 달려온 정이 발목을 잡았지만, 내 목표도 소중했다.

"저 지금부터 조금 빨리 달려볼게요."

몇 시간을 쉬지 않고 뛰어왔다. 찬바람까지 맞으며 달려왔기에 목소리가 제대로 나오지 않았다. 간신히 말했다. 급수대 옆에 서 있던 자원봉사자에게 종아리에 물파스를 뿌려 달라고 부탁했다. 칙 소리와 함께 종아리가 시원해졌다. 심호흡을 크게 한 번 하고 발을 내딛기 시작했다.

시합을 준비하면서 1km 전력 질주 연습을 많이 했다. 그때 기억을 떠올리며 달리기 시작했다. 시계를 확인하자 잘하면 4시간 20분 안에 들어갈 수도 있을 것 같았다. 이제부터는 최대한 속도를 내야 했다. 뒤도 돌아보지 않았다. 무조건 내가 할 수 있는 최대한 속도를 내어 1초라도 빨리 골인 지점을 통과하기로 했다. 그것만이 남았다.

질주를 시작한 잠시 후 시계에 페이스 알람이 떴다. 5분 40초. 안도했다. 아직 뛸 힘이 남아 있었다. 그 속도로 계속해서 밀어붙였다. 시민 운동장이 가까워지며 길가에는 "힘내세요!", "다 왔어요!"라는 응원이 쏟아졌다.

앞에 가는 사람들을 하나하나 앞지르기 시작했다. 온 힘을 짜내며 빠르게 뛰었다. 힘이 들어 인상을 쓰다가도 또 어느 시점이 되면 이상하게도 힘이 났다. 머릿속에는 오직 '무조건 달린다.'라는 생각 하나뿐이었다.

드디어 운동장으로 들어섰다. 트랙 커브를 돌아 직선 주로까지 왔다. 남은 거리는 약 100m 정도. 온 힘을 쥐어 짜내면서 달려, 마침내 파란색 줄 결승선을 통과했다. 얼마나 세차게 뛰었는지 결승선을 지나고도 한참 앞으로 몸이 튕겨 나갔다. 바로 멈추기가 어려웠다.

현수막을 들고 마지막에 함께 뛰어준 현숙 언니가 다가와 나를 와락 안았다. 고생했다, 수고했다며 내 등을 두드려 주었다. 한참 지나서 핸드폰으로 모바일 기록증이 도착했다. 기록은 4시간 21분 53초였다. 완주했다는 기쁨이 컸지만, 한편 아쉬운 마음도 조금 들었다.

아는 사람이 있어 같이 가다 보면 옆 사람과 내 페이스가 맞지 않는 경우가 종종 있었다. 그럴 때마다 신경이 쓰였다. 만약 옆 사람과 맞지 않다면 이야기하고 먼저 가거나 아니면 늦추면 되었다. 이러지도 저러지도 못하고 상대한테 맞추어 가는 경우가 종종 있었다. 하지만 그럴 필요가 전혀 없었다.

누구에게나 자신만의 리듬이 있다. 중요한 건 그 리듬을 잃지 않는 것이다. 옆 사람 눈치 보며 억지로 속도를 맞추는 일은 없어야겠다. 비록 1분이 아쉬웠지만, 또 다음 기회가 있으리라 믿는다. 그때는 처음부터 끝까지 눈치 보지 않고 나의 방식으로 레이스를 펼쳐봐야겠다.

7

느리지만
멈추지 않았다

지금 우리는 빠른 시대를 살고 있다. 궁금한 것은 인터넷에 검색만 하면 금세 알 수 있고, 필요한 물건도 손가락 몇 번만 까딱하면 집 앞까지 도착한다.

이런 시대에 살고 있어서인지 요즘 사람들은 대체로 뭐든 쉽게 결과를 보려고 하는 것 같다. 조급하다. 과거 나도 그랬다. 하지만 인생 절반쯤 살고 보니 절대 조급해서는 제대로 될 수 있는 일은 없다는 것을 깨닫게 되었다. 서둘러서 잘 되는 법은 거의 없었다.

2020년 7월부터 달리기를 시작했다. 조금씩 달리다가 몇 개월이 지나서 10km 단축 마라톤 대회에 나갔다. 10km 대회를 몇 번 참가한 다음 하프 대회에 나갔고 하프 대회를 몇 번 참가한 다음 풀코스대회에 나갔다. 온 구간을 완주하기까지 약 4년이라는 시간이 걸렸다.

다치거나 하여 몇 달을 쉬고 그런 것도 없었다. 다시 말하면 계속해서 달렸다는 말이다. 그런데도 실력은 빨리 늘지 않았다. 사람마다 다르겠지만 보통 달리기를 시작하고 1년이나 2년 정도 지나면 적어도 하프 코스는 뛸 수 있고 잘하는 사람은 풀코스까지도 완주한다. 그런 사람들에 비하면 나는 늦어도 많이 늦은 편이다.

나이로 봐서도 많이 늦었다. 오십이 되던 해에 달리기를 시작했다. 계절로 보면 이미 가을로 접어든 나이였다. 이삼십 대에 달리기를 시작하는 젊은 사람들에 비하면 한참 늦었다. 나이가 많아도, 시간이 오래 걸려도 끝내 풀코스를 완주할 수 있었다.

글쓰기도 많이 늦었다. 막연히 글을 쓰고 싶다는 마음을 가지고 있다가 첫 시도를 한 것은 2016년 마흔여섯이 되던 해다. 용기가 부족하고 글을 쓰고 싶다는 절실함도 없었다. 첫 도전은 실패할 수밖에 없었다. 그다음 다시 2020년 한 번 더 시도했다. 이번에는 조급한 마음이 문제였다. 글을 쓴 경험이 별로 없으면서 책부터 쓰려고 덤볐다. 그러니 당연히 또다시 실패했다.

다시 한번 도전했다. 글쓰기 공부를 시작한 지 1년여 만에, 드디어 개인 저서를 출간했다. 더 빠르게 책을 낸 이들도 있었지만, 결국 나는 나의 속도로 완주한 셈이었다. 시간이 오래 걸렸고 많이 돌아왔지만 결국 목표하던 일을 이루어냈다.

잘되지 않는 일을 두고 나는 왜 이 모양일까, 자책도 많이 하고 후회도 많이 했다. 하지만 아무 소용 없었다. 중요한 건 과거에 비록 실패했더라도 다시 도전하고 계속하는 것이었다. 늦어도 상관없었다.

한자 수업 시간에 '대기만성'이라는 고사성어를 가르칠 때가 있다. '큰 그릇은 늦게 완성된다.'라는 뜻으로, 사람도 크고 깊은 인물로 자라기 위해서는 시간이 오래 걸린다는 말이다. 이 고사에는 당나라 때의 인물인 최염과 최림 장군의 일화가 얽혀 있다. 그 이야기를 들려준 뒤, 나는 학생들에게 내 이야기도 덧붙인다.

"선생님도 처음부터 한자를 잘했던 건 아니에요."

학생들은 이 말에 눈을 동그랗게 뜨곤 한다. 학교 다닐 때는 성적도 좋지 않았고 공부와는 거리가 멀었던 내가, 어른이 된 후 다시 책을 들고 공부를 시작했다. 그렇게 늦은 나이에 자격증을 따고, 지금은 한자를 가르치는 선생님으로 여러분 앞에 서 있게 되었다고 이야기해 준다. 아이들은 대개 놀라거나 웃지만, 그 표정 속에는 작은 안도감 같은 것이 비친다.

글쓰기 수업 시간에도 비슷한 이야기를 들은 적이 있다. 글쓰기 선생님은 자신이 처음에는 글을 정말 못 썼다고 했다. 글을 쓰고 나서 스스로 읽어봐도 도무지 무슨 말인지 이해가 되지 않았고, 다른 사람에게 보여주면 하나같이 고개를 갸우뚱했다고 한다. 얼마나 답답했을까. 종이를 찢어버리고 펜을 집어 던진 적도 있다고 했다.

하지만 선생님은 포기하지 않았다. 자신보다 글을 잘 쓰는 사람이 세상에 너무 많다는 걸 잘 알았지만, 이런 생각을 하며 버텼다고 한다. '그래, 어쩌면 나는 세상에서 제일 글을 못 쓰는 작가일지도 몰라. 그렇다면 오히려 마음이 편하잖아. 이제부터 올라갈 일만 남았으니까.'

이런 자기 위로가 반복되면서, 선생님은 결국 하루하루 글을 써나갔고, 그렇게 쓴 글이 모여 지금은 무려 열 권의 책을 낸 작가가 되었다. 동시에 600명이 넘는 작가 지망생들에게 글쓰기를 가르치는 강사가 되었다.

그 이야기를 들으면서 나는 다시 한번 확신하게 된다. 처음에는 잘되지 않아도 괜찮다. 느리고 더디더라도 꾸준히 하다 보면 반드시 나아지게 되어 있다. 중요한 건 조급해하지 않는 것, 그리고 포기하지 않는 것이다. 정말 큰 그릇은 시간이 오래 걸릴 수밖에 없고, 진짜 단단한 길은 서두르지 않고 천천히 걸을 때 비로소 완성된다.

마라톤을 하면서 알게 되었다. 처음에 빠른 것은 그다지 중요하지 않다. 긴 거리를 뛰려면 처음에는 오히려 속도를 낮춰 천천히 뛰어야 한다. 어느 정도 뛰어 몸이 적응되면 그다음부터 자기 페이스에 따라 꾸준히 뛴다. 그렇게 뛰다가 보면 어느새 골인 지점에 다가가 있다.

처음부터 속도를 냈다가는 반드시 후반부에 가서 체력이 고갈되어 제대로 뛰지 못하게 된다. 그 사실을 알면서도 사람들은 초반 페이스 조절을 잘하지 못한다. 조급하기 때문이다.

나도 처음에는 속도에 연연하기도 했었다. 나는 왜 남들보다 빠르지 않을까? 하는 생각도 많이 들었다. 연습을 꾸준히 하고 대회에 참가해 보면서 실력이 조금씩 느는 것을 느꼈다. 느리더라도 꾸준히 뛰는 연습을 많이 하자 속도는 자연스럽게 빨라졌다. 따로 속도를 내기 위해 고강도 운동과 가벼운 동작을 반복하는 훈련을 하지 않아도 페이스는 점점 좋아졌다. 느리게 오래 달릴 때 오히려 기량이 더 높아졌다.

느리다는 것은 기본과 원칙을 지킨다는 뜻이다. 기본에 충실한 사람은 쉽게 무너지지 않는다. 조급함은 늘 화를 부르고, 마음을 내려놓고 여유를 가지면 길은 열린다.

느려도 괜찮다. 중요한 건 방향과 꾸준함이다. 속도는 언젠가 따라온다. 계속해서 한 발씩 내디딘다면, 비록 느릴지라도 결국 우리는 우리가 바라보던 그곳에 도달하게 된다.

> 호흡을 고르는 문장
> "조급할 필요 없다. 꾸준히 걸으면 반드시 닿는다. 늦었다는 건 없다."

8

끝까지,
묵묵히

    마라톤을 완주한 지 일주일이 지났다. SNS에 완주 인증 사진과 후기를 올렸더니, '좋아요'와 축하 댓글이 쏟아졌다. 댓글에 일일이 답변을 달면서 입가에 미소가 떠나지 않았다.

    휴대전화 사진첩도 계속해서 들여다본다. 완주 후 메달을 목에 걸고 웃고 있는 장면이다. 민소매와 짧은 반바지, 발목 위까지 올라오는 흰 양말, 그리고 대회 전용으로 아껴둔 카본화(기능성 신발). 초겨울에 한여름 복장을 하고 뛰었다. 첫 풀코스를 뛴다고 나름 신중하게 골라 입은 옷이다. 대회 당일 기온이 낮고 바람이 많이 불었다. 맞바람과 추위에 맞서 뛰던 순간이 자꾸만 생각난다.

    결승점을 향해 전력으로 질주하는 사진도 있다. 얼굴은 고통으로 일그러져 있고 힘을 잔뜩 준 팔과 다리의 근육이 도드라져 보인다. 파란색 결승선을 통과하는 사진은 두 발이 바닥에서 모두 떨어져 마치 붕 날아오르는 것 같다.

풀코스를 꼭 한 번 뛰어봐야겠다는 소망이 있었다. 될 수 있는 대로 훈련에 빠지지 않았다. 화요일과 목요일 저녁, 일요일 오전에는 무조건 운동장으로 나갔다. 뭔가를 할 때 출석을 무엇보다 중요하게 여긴다. 핑계 대지 않고 귀찮고 힘들어도 운동 시간을 지켰다.

대회를 얼마 안 남겨두고 일주일간 장거리 여행을 다녀와야 했다. 여행으로 빠질 수밖에 없는 연습을 어떻게 하나 고민이 많았다. 미리 훈련하고 가면 마음이 편할 것 같았다. 평일 낮, 훈련부장이 일부러 시간을 내서 길을 안내하고 물과 파워젤을 공급해 주었다. 도움을 받아 가며 32km를 달리기도 했다.

여행지 호주에서는 새벽 시간을 이용해 숙소에 있는 헬스장에서 근력 운동을 하고 러닝머신을 뛰기도 하고 숙소 밖을 남편과 함께 뛰기도 했다. 풀코스 완주라는 목표를 위해서 잠시도 방심하지 않았다.

풀코스 대비 마지막 장거리 훈련 37km 연습을 하던 날이다. 마지막 5km는 세게 밀어붙여 보라는 훈련부장의 말을 듣고 그야말로 있는 힘을 다해 뛰었다. 마지막 힘을 짜내다 보니, 도착지에 다다를 무렵에는 나도 모르게 신음이 새어 나왔다. 다 뛰고 나서 기념사진을 찍을 때는 팔을 들어 올릴 힘조차 남아 있지 않았다.

비 오는 날은 실내에서 트레드밀을 뛰었다. 10km가 넘어갈 때쯤 되면 서서히 지겨워졌다. 기계 위를 달리는 건 야외 달리기와는 비교도 안 될 만큼

지루했다. 아무리 음악을 들어도 그 효과는 잠시뿐이었다.

폭염 주의 문자가 오던 날도 더위를 피해 가끔 실내 운동을 했다. 음악을 듣다가 지겨워지면 창밖 건너편 건물의 간판을 집중해서 보거나 트레드밀 위의 계기판 숫자를 노려보면서 달렸다. 에어컨을 틀어놓았지만 소용없었다. 땀이 트레드밀 위로 뚝뚝 떨어졌다.

달리다가 길을 잃은 적도 있다. 무섬 쪽으로 훈련하러 갔을 때다. 회원들이 들어오는 시간에 같이 맞추려고 30분 정도 일찍 출발한 날이다. 갈림길에서 고민하다가 오른쪽으로 방향을 틀었다. 가다가 보니 왠지 아닌 것 같은 느낌이 들었다. 뒤로 돌아 다시 왔던 곳으로 갔다. 한참 시간이 지나 회원들이 나타날 시간이 되었는데도 사람들이 보이지 않았다. 내가 엉뚱한 곳으로 가서 길을 잃고 헤매는 사이 회원들이 모두 지나가 버렸다는 사실을 뒤늦게 알게 되었다. 그날도 여지없이 꼴찌로 들어왔다.

그 이후로도 길을 잃어버린 적이 두 번 더 있다. 길을 잃고 헤매기는 했지만, 다행히 시민 운동장까지는 찾아왔다. 출발 지점까지 돌아올 수는 있었다. 길을 잃었다는 사실이 화가 나기도 하고 회원들을 걱정하게 만들어 미안하기도 했다. 길을 잃은 날에는 마음이 착잡했다. 시간이 지나면서 실수는 점점 줄어들었고 지금은 더 이상 길을 잃거나 하는 일은 없다.

지난여름 울진 마라톤 대회에 갔을 때는 다리에 쥐가 났다. 하프 코스를 뛰고 나서 운동장 한구석 샤워부스가 설치된 쪽으로 가서, 찬물이 몸에 닿는 순간 양쪽 종아리에서 경련이 일어났다. 극심한 통증에 그대로 바닥에 주저앉고 말았다. 옆에 있던 분이 의료진을 불러왔다. 흰 가운을 입은 분 두 분이 다급히 와서 나를 바닥에 누이고 다리를 들어 주무르면서 응급 처치를 했다. 하지만 쥐가 쉽게 멈추질 않았다.

일행을 불러야 하는데 휴대전화가 없었다. 운동장 방송을 통해 겨우 회원 몇 명이 내가 있는 곳으로 왔다. 응급 처치를 해도 계속 경련이 멈추질 않아 결국 구급차를 타고 가까운 병원으로 가서 치료받았다.

풀코스를 완주하기까지 다양한 사건이 많았다. 모두가 하나의 과정이었다. 이런저런 과정이 있었기에 마라톤 완주라는 결과를 얻을 수 있었다. 장석주의 「대추 한 알」에는 이런 구절이 나온다. "대추 한 알이 저절로 붉어질 리 없다. 그 속에 태풍 몇 개, 천둥 몇 개, 벼락 몇 개…" 풀코스 완주 메달을 손에 들었을 때 이 시가 떠올랐다. 저절로 얻어진 것은 아무것도 없었다. 그 속에는 수많은 시련과 좌절, 그리고 셀 수 없이 많은 땀방울이 담겨 있었다.

누군가 마라톤 완주의 비결이 뭐냐고 묻는다면 나는 이렇게 답하고 싶다.
'느리더라도, 꾸준히'

인생도 마찬가지다. 빠르지 않아도 괜찮다. 나만의 속도로, 묵묵히, 꿈을 향해 끝까지 나아갈 수 있기를 바란다.

< 마치는 글 >

나에게 페이스를
맞추는 연습

간이 화장실 앞에는 긴 줄이 늘어서 있었다. 그 줄의 맨 끝에 설 엄두가 나지 않았다. 서울 마라톤 풀코스 출발 30분 전, 나는 결국 화장실을 다녀오지 못한 채 출발선에 섰다. F그룹 무리 사이에서 순서를 기다렸다.

3월 중순 아침은 아직 추웠다. 비가 오고, 바람이 불었다. 준비해 온 우의를 꺼내 입었지만, 몸은 계속해서 오들오들 떨렸다. 감기 기운에 콧물이 흐르고, 목소리도 쉬어 있었다.

"오, 사, 삼, 이, 일, 출발!"

사회자의 카운트다운에 맞춰 천천히 발을 뗐다. 수많은 인파 사이로 나는 조심스레 앞으로 나갔다. 스포츠 시계의 시작 버튼을 누르며 본격적인 대회가 시작되었다.

약 5km쯤 달렸을까. 주로 한쪽에 간이 화장실이 눈에 들어왔다. 서너 명 정도가 줄을 서 있었다. '그냥 지나칠까?' 고민하다가 결국 줄 끝에 섰다. 앞으로 긴 거리를 달리려면 지금이라도 대비를 하는 것이 마땅했다. 앞서

가던 사람들의 등이 멀어지는 것을 초조하게 지켜봐야 했지만, 최대한 서두르며 볼일을 마친 뒤 다시 달리기 시작했다.

  3km쯤 달리면 몸에 열이 오를 테니, 그때 우의를 벗을 생각이었다. 하지만 바람은 좀처럼 잦아들지 않았고 우의를 벗으면 안 될 것 같았다. 우의는 불편했지만, 찬바람을 그대로 맞는 것보다는 나았다.
  챙 모자 위에, 우의에 달린 모자까지 덮어썼다. 길게 삐쳐서 나온 소매 끝을 양손으로 꼭 움켜쥔 채 달리기를 계속했다. 5km 지점에 도착하면서 이제는 조금 더 속도를 낼 차례였다. 이번에도 우의를 벗으려 했지만, 여전히 그럴 수 없었다. 갑자기 몰아친 바람에 모자가 날아갈 뻔했고 도로에 세워둔 경계용 고깔도 바람에 밀려서 저 멀리까지 가기도 했기 때문이다.

  30km 지점을 통과했다. 마라톤은 그때부터 진짜라는 말이 있다. 이번엔 제대로 뛰어보자 마음먹었다. 그때까지 계속 입고 온 거추장스러웠던 우의를 벗을까 싶었지만, 여전히 바람은 불고 있었다. 해가 나는가 싶더니 빗방울이 떨어지기 시작했다. 결국 또다시 벗지 못했다.
  왼쪽 다리에 저릿한 느낌이 올라왔다. 예전 하프 마라톤 대회에서 쥐가 나 크게 고생한 기억이 떠올랐다. 불안했다. 속도를 늦추고 조심스럽게 달렸다. 얼마쯤 가다가 의료진을 발견했다. 다가가 다리를 내밀고 종아리에 파스를 뿌렸다. 다시 달리기 시작하며 속으로 간절히 빌었다. '제발 이번엔 쥐가 나지 않기를.' 하지만 다리는 점점 굳어져 갔다.

그때였다. 길가에 쪼그려 앉아 고통스러운 얼굴로 쉬고 있는 한 사람이 눈에 들어왔다. '나도 잠깐 쉬어도 될까?' 망설였지만 이미 내 발은 그리로 향하고 있었다. 그 사람 곁에 멈춰 섰다. 인도 옆 난간을 잡고 잠시 앉았다 일어나기를 반복하며 스트레칭을 했다. 그리고 다시 주로로 들어섰다. 굳어 있던 다리가 조금은 풀린 느낌이 들었다.

한참을 달리던 중 뒤에서 소란스러운 발소리가 들려왔다. 그 소리가 점점 커지더니 내 옆으로 한 무리의 사람들이 다가왔다. 그 무리의 맨 앞에는 '4시간 30분'이라고 적힌 흰 풍선을 단 페이스메이커가 있었다. 풍선을 중심으로 여러 사람이 모여 함께 달리는 중이었다. 그 무리를 따라 같이 달렸다. 그 정도 속도라면 따라갈 수 있을 거로 생각했다.

초반엔 무리 없이 따라갔다. 하지만 얼마 지나지 않아 숨이 차고 다리에 통증이 밀려오기 시작했다. 이대로 그들을 계속 따라가다간 완주도 힘들겠다 싶었다. 결국 그들을 보낼 수밖에 없었다. 그 무리는 내 눈앞에서 점점 멀어졌다.

이제 다시 혼자였다. 많은 사람이 옆을 스쳐 지나갔다. 다리는 다시 돌처럼 굳어가는 것 같았고 목도 아파졌다. 그렇다고 멈출 순 없었다. 잠시 길가에 멈춰 서서 또 한 번 스트레칭을 하며 다리를 풀고 다시 달리기 시작했다.

드디어 잠실대교에 이르렀다. 이제 거의 다 왔다는 안도감도 잠시, 사방이 탁 트인 다리 위에서는 바람이 더 거세게 몰아쳤다. 우의는 그때까지도 여전히 입고 있었다. 벗지 않기를 잘했다는 생각이 들었다. 다리를 건넌 뒤 오른편으로 돌아 얼마 지나지 않아 저 멀리 결승선이 눈에 들어온 순간, 동시에 길 양쪽에서 설치된 카메라가 보였다.

그제야 나는 비바람을 막아주던 우의를 벗고 마지막 힘을 내어 결승선을 통과했다. 4시간 43분 50초. 나의 두 번째 풀코스 도전은 그렇게 마무리되었다.

겨울 동안 감기에 자주 걸렸고 연습량도 충분하지 않았다. 대회 전날만 해도 심한 감기로 참가 여부를 잠시 고민하기도 했다. 하지만 나는 여전히 참가하는 쪽을 택했고, 첫 기록보다는 늦어졌지만, 두 번째 풀코스 완주라는 목표를 달성할 수 있었다.

지난 가을, 풀코스를 준비하면서 훈련을 핑계로 차일피일 미루던 두 번째 책 집필을 시작했다. 마음은 곧 쓸 것 같았지만, 글은 쉽게 써지지 않았다. 멈춤과 재개를 반복하며 끝까지 왔다. 계절은 어느덧 겨울과 봄을 지나 여름 문턱에 와 있다.

까마득하게 보이던 마라톤 풀코스를 완주할 수 있었던 것도, 어렵게만 느껴지던 책을 쓰게 된 것도 모두 나만의 속도를 지키며 달려온 덕분이다. 늦어도 괜찮고 멈추어도 괜찮았다. 때론 다시 시작해도 됐다. 중요한 건 속도보다 방향이었다.

  책을 쓸 수 있었던 건 주변의 도움이 컸다. 초고를 시작할 계기를 마련해 준 김미예 작가님, 쓰는 도중 우연히 함께하게 되어 계속 써나가는 힘이 되어준 황미옥 작가님, 그리고 변함없이 이끌어주고 응원과 격려를 아끼지 않는 이은대 작가님께 감사드린다. 마지막으로, 나의 한계를 넘어서며 꾸준히 달릴 수 있도록 도와준 이남준 훈련부장님께 진심으로 감사의 말을 전한다.